TOEIC
Vocabulary

PREFACE

    토익 성적이 잘 오르지 않는 이유는 기본 문법과 기본 어휘가 잘 갖추어져 있지 않기 때문이다. 이에 본서는 토익의 기본 어휘를 공부하는 용도로 만들어진 교재이다. 그러므로 토익 문제에 관계되는 토익 필수 어휘 400단어를 선정한 후, 토익문제에 관계되는 가장 간단하고 필요하다고 생각되는 예문을 뽑거나 변형하여 수록한 토익의 기본 어휘서이다.

    토익에서 쓰는 어휘만을 선별하여 그 예문을 토익에 직접 실용 가능한 것으로 만들었기 때문에 이 예문들은 어휘 암기 뿐만 아니라 토익 실용영어 작문에 직접 큰 도움이 될 것이다.

1. 토익에 관계되는 어휘만을 선정하여 수록했다.
2. 선정된 어휘의 여러 가지 의미 중에서 토익에 관계된 의미만을 선정하여 수록하였다.
3. 선정된 그 의미를 가장 잘 기억할 수 있는 실용 토익 문장만을 뽑거나 만들어 수록하였다.
4. 어휘 암기가 아닌 문장이나 문맥을 기억해 그 속의 단어를 암기 할 수 있도록 편집하였다.
5. 어휘를 보고 먼저 의미를 분석하도록 편집하였다.
6. 어휘 넣기를 통해 문장 속에서 어휘를 암기할 수 있도록 편집해 놓았다.
7. 문장을 나누어 영작을 해 봄으로써 문장을 통해 어휘가 암기 되도록 편집하였다.

2014년

저 자

CONTENTS

TOEIC Vocabulary

송 석 홍

어휘 분석

01   corporate: A, 회사의, 기업의, 법인의

Our corporate headquarters is located in Seoul.

우리 회사의 본사는 서울에 있다.

02   affordable: A, 알맞은, 입수 가능한, 가장 싼

Our shop sells the most affordable items in Korea.

우리 가계는 한국에서 가장 싼 품목만 팝니다.

03   subsidize; V3, -에 보조금을 주다

The government subsidizes our company annually.

정부가 해마다 우리 회사에 보조금을 주고 있다.

04   ask for: V3, 부탁하다

I am writing to ask for a job.

저는 일자리를 부탁하려고 편지를 쓰고 있습니다.

05   merger: N, 합병

The merger between the two banks are not realized yet.

그 두 은행 간의 합병은 아직 이루어지지 않았다.

06   cordially: Ad, 진심으로

We cordially invite customers to the sale event.

우리는 고객님들을 할인 행사에 진심으로 초대합니다.

07 incur: V3, 초래하다, 물게 하다

He incurred his manager's anger for absence without notice.

그는 무단결근 하여 팀장님을 화나게 했다.

08 install: V3, 설치하다, 깔다

Our hotel has recently installed a new booking system.

우리 호텔은 최근에 새로운 예약 시스템을 설치했다.

09 volatile: A, 변덕스런, 불안한

The stock market is really volatile these days.

요즘은 주식시장이 아주 불안정하다.

10 esteem: V3, 존경하다

We do not esteem our present highly.

우리는 우리 회장님을 그다지 존경하지 않는다.

01 Our (   ) headquarters is located in Seoul.
우리 회사의 본사는 서울에 있다.

02 Our shop sells the most (   ) items in Korea.
우리 가게는 한국에서 가장 싼 품목만 팝니다.

03 The government (   ) our company annually.
정부가 해마다 우리 회사에 보조금을 주고 있다.

04 I am writing to (   ) a job.
저는 일자리를 부탁하려고 편지를 쓰고 있습니다.

05 The (   ) between the two banks are not realized yet.
그 두 은행 간의 합병은 아직 이루어지지 않았다.

06 We (   ) invite customers to the sale event.
우리는 고객님들을 할인 행사에 진심으로 초대합니다.

07 He (   ) his manager's anger for absence without notice.
그는 무단결근 하여 팀장님을 화나게 했다.

08 Our hotel has recently (   ) a new booking system.
우리 호텔은 최근에 새로운 예약 시스템을 설치했다.

09 The stock market is really (   ) these days.
요즘은 주식시장이 아주 불안정하다.

10 We do not (   ) our president highly.
우리는 우리 부장님을 그다지 존경하지 않는다.

 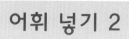

01   Our (   ) (   ) is located in Seoul.
      우리 회사의 본사는 서울에 있다.

02   Our shop sells the most (   ) (   ) in Korea.
      우리 가계는 한국에서 가장 싼 품목만 팝니다.

03   The (   ) (   ) our company annually.
      정부가 해마다 우리 회사에 보조금을 주고 있다.

04   I am writing to (   ) a (   ).
      저는 일자리를 부탁하려고 편지를 쓰고 있습니다.

05   The (   ) between the two (   ) are not realized yet.
      그 두 은행 간의 합병은 아직 이루어지지 않았다.

06   We (   ) (   ) customers to the sale event.
      우리는 고객님들을 할인 행사에 진심으로 초대합니다.

07   He (   ) his manager's (   ) for absence without notice.
      그는 무단결근 하여 팀장님을 화나게 했다.

08   Our hotel has recently (   ) a new booking (   ).
      우리 호텔은 최근에 새로운 예약 시스템을 설치했다.

09   The stock (   ) is really (   ) these days.
      요즘은 주식시장이 아주 불안정하다.

10   We do not (   ) our (   ) highly.
      우리는 우리 부장님을 그다지 존경하지 않는다.

01 우리 회사의 본사는 서울에 있다.

_____

02 우리 가게는 한국에서 가장 싼 품목만 팝니다.

_____

03 정부가 해마다 우리 회사에 보조금을 주고 있다.

_____

04 저는 일자리를 부탁하려고 편지를 쓰고 있습니다.

_____

05 그 두 은행 간의 합병은 아직 이루어지지 않았다.

_____

06 우리는 고객님들을 할인 행사에 진심으로 초대합니다.

_____

07 그는 무단결근 하여 팀장님을 화나게 했다.

_____

08 우리 호텔은 최근에 새로운 예약 시스템을 설치했다.

_____

09 요즘은 주식시장이 아주 불안정하다.

_____

10 우리는 우리 회장님을 그다지 존경하지 않는다.

_____

MEMO

01   refurbish: V3, 새 단장하다, 이미지를 쇄신하다

In spring, we are going to refurbish our company.

봄이 되어 우리는 회사를 새 단장하려고 한다.

02   conglomerate: N, 대기업, 재벌

A conglomerate is a large firm consisting of several different companies.

재벌은 여러 개의 서로 다른 회사들로 구성된 큰 회사이다.

03   oversee: V3, 감독하다

The personal manager oversees the company entrance exam.

인사부장님이 입사시험을 감독중이다.

04   assure: V3, 보증하다, 장담하다

We assure our manager that he is innocent.

우리는 팀장님이 결백하다는 것을 장담합니다.

05   notify: V3, 통지하다, 알리다

We would notify you of the interview result by email.

인터뷰 결과는 이메일로 통지해 드리겠습니다.

06   inform: V3, 통지하다, 알리다

Please inform us of your address change immediately.

주소가 변경되면 즉시 저희에게 알려 주십시오.

07   convince: V3, 납득시키다, 설득시키다

I convinced the interviewer of my enthusiasm for the job.

나는 면접관에게 그 일자리에 대한 나의 열정을 납득시켰다.

08   advice: V3, 알리다, 통보하다

We are very happy to advise you that you are accepted.

합격을 통보하게 되어 기쁩니다.

09   remind: V3, 생각나게 하다, 연상하게 하다

You remind me of your father when you say that.

네가 그런 말을 할 때에는 네 아버지가 생각나는구나.

10   benefit: V1, -에서 이득을 보다

My wife will benefit from my promotion.

이번 승진으로 마누라가 이득을 볼 것이다.

01   In spring, we are going to (　　) our company.

봄이 되어 우리는 회사를 새 단장하려고 한다.

02   A (　　) is a large firm consisting of several different companies.

재벌은 여러 개의 서로 다른 회사들로 구성된 큰 회사이다.

03   The personal manager (　　) the company entrance exam.

인사 부장님이 입사시험을 감독중이다.

04   We (　　) our manager that he is innocent.

우리는 부장님이 결백하다는 것을 장담합니다.

05   We would (　　) you of the interview result by email.

인터뷰 결과는 이메일로 통지해 드리겠습니다.

06   inform: V3, 통지하다, 알리다

Please (　　) us of your address change immediately.

주소가 변경되면 즉시 저희에게 알려 주십시오.

07   I (　　) the interviewer of my enthusiasm for the job.

나는 면접관에게 그 일자리에 대한 나의 열정을 납득시켰다.

08   We are happy to (　　) you that you are accepted.

합격을 통보하게 되어 기쁩니다.

09   You(　　) me of your father when you say that.

네가 그런 말을 할 때에는 네 아버지가 생각나는구나.

10   My wife will (　　) from my promotion?

이번 승진으로 마누라가 이득을 볼 것이다.

 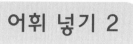
01 In spring, we are going to (   ) (   ).
봄이 되어 우리는 회사를 새 단장하려고 한다.

02 A (   ) is a large firm consisting of several (   ).
재벌은 여러 개의 서로 다른 회사들로 구성된 큰 회사이다.

03 The personal manager (   ) the company (   ).
인사 부장님이 입사시험을 감독중이다.

04 We (   ) our manager that (   ).
우리는 부장님이 결백하다는 것을 장담합니다.

05 We would (   ) you of the (   ) by email.
인터뷰 결과는 이메일로 통지해 드리겠습니다.

06 Please (   ) us of your (   ) immediately.
주소가 변경되면 즉시 저희에게 알려 주십시오.

07 I (   ) the interviewer of my (   ) for the job.
나는 면접관에게 그 일자리에 대한 나의 열정을 납득시켰다.

08 We are happy to (   ) you that(   ).
합격을 통보하게 되어 기쁩니다.

09 You(   ) me of (   ) when you say that.
네가 그런 말을 할 때에는 네 아버지가 생각나는구나.

10 My wife will (   ) from (   )?
이번 승진으로 마누라가 이득을 볼 것이다.

01 봄이 되어 우리는 회사를 새 단장하려고 한다.

_____

02 재벌은 여러 개의 서로 다른 회사들로 구성된 큰 회사이다.

_____

03 인사 부장님이 입사시험을 감독 중이다.

_____

04 우리는 팀장님이 결백하다는 것을 장담합니다.

_____

05 인터뷰 결과는 이메일로 통지해 드리겠습니다.

_____

06 주소가 변경되면 즉시 저희에게 알려 주십시오.

_____

07 나는 면접관에게 그 일자리에 대한 나의 열정을 납득시켰다.

_____

08 합격을 통보하게 되어 기쁩니다.

_____

09 네가 그런 말을 할 때에는 네 아버지가 생각나는구나.

_____

10 이번 승진으로 내 마누라가 이득을 볼 것이다.

_____

MEMO

01   contribute: V1, -에 기여하다

The sales manager contributes very much to our company.

판매부장님은 회사에 기여하는 바가 대단히 크다.

02   entertain: V3, -을 기쁘게 하다

Our section chief entertained us for hours with jokes.

우리 과장님은 농담으로 몇 시간을 우리를 즐겁게 해 주셨다.

03   excerpt: N, 인용(물), 발췌(물)

The excerpt above is exactly what our president said.

위에 인용한 것이 바로 우리 회장님이 말씀하신 것입니다.

04   operate: V1, 가동되다

Our factory has been operating for 40 years.

우리 회사는 40년간 가동 되어오고 있다.

05   rectify: V3 -을 바로잡다

The director rectified the practice of working overtime.

그 이사님께서 야근 관행을 바로잡으셨다.

06   mandatory: A, 법에 정해진, 의무적인

Remember this is a mandatory meeting.

이 회의는 모두가 참석해야 하는 모임임을 기억하세요.

07　synchronize: V1, 동시에 발생하다, 움직이다

Our manager's words did not synchronize with his action.

우리 팀장님의 말씀은 행동과 일치하지 않는다.

08　customize: V3, 고객이 원하는 대로 만들다, 주문 제작하다

We can customize products accordingly to our consumer's desires.

우리는 고객이 원하는 대로 제품을 주문제작할 수 있다.

09　inexcusable: A, 용서할 수 없는

The rude customer's conduct was inexcusable.

그 무뢰한 고객의 행위는 용서받지 못할 행동이었다.

10　flaw: N, 결함, 결점

Drinking is one flaw in our manager's perfect character.

우리 팀장님의 완벽한 성격에서 술이 하나의 흠이다.

01 The sales manager (   ) very much to our company.
판매부장님은 회사에 기여하는 바가 대단히 크다.

02 Our section chief (   ) us for hours with jokes.
우리 과장님은 농담으로 몇 시간을 우리를 즐겁게 해 주셨다.

03 The (   ) above is exactly what our president said.
위에 인용한 것이 바로 우리 회장님이 말씀하신 것입니다.

04 Our company has been (   ) for 40 years.
우리 회사는 40년간 가동 되어오고 있다.

05 The director (   ) the practice of working overtime.
그 이사님께서 야근 관행을 바로잡으셨다.

06 Remember this is a (   ) meeting.
이 회의는 모두가 참석해야 하는 모임임을 기억하세요.

07 Our manager's words did not (   ) with his action.
우리 팀장님의 말씀은 행동과 일치하지 않는다.

08 We can (   ) products accordingly to our consumer's desires.
우리는 고객이 원하는 대로 제품을 주문제작할 수 있다.

09 The rude customer's (   ) was inexcusable.
그 무뢰한 고객의 행위는 용서받지 못할 행동이었다.

10 Drinking is one (   ) in our manager's perfect character.
우리 팀장님의 완벽한 성격에서 술이 하나의 흠이다.

01 The sales manager (　　) very much to (　　　　).
판매부장님은 회사에 기여하는 바가 대단히 크다.

02 Our section chief (　　) us for hours (　　　　).
우리 과장님은 농담으로 몇 시간을 우리를 즐겁게 해 주셨다.

03 The (　　) above is exactly (　　　　).
위에 인용한 것이 바로 우리 회장님이 말씀하신 것입니다.

04 Our company has been (　　) for (　　) years.
우리 회사는 40년간 가동 되어오고 있다.

05 The director (　　) the practice of (　　　　).
그 이사님께서 야근 관행을 바로잡으셨다.

06 Remember this is a (　　) (　　).
이 회의는 모두가 참석해야 하는 모임임을 기억하세요.

07 Our manager's words did not (　　) with (　　　　).
우리 팀장님의 말씀은 행동과 일치하지 않는다.

08 We can (　　) (　　) accordingly to our consumer's desires.
우리는 고객이 원하는 대로 제품을 주문제작할 수 있다.

09 The rude customer's (　　) was (　　).
그 무뢰한 고객의 행위는 용서받지 못할 행동이었다.

10 Drinking is one (　　) in our manager's (　　　　).
우리 팀장님의 완벽한 성격에서 술이 하나의 흠이다.

01 판매부장님은 회사에 기여하는 바가 대단히 크다.

      _____

02 우리 과장님은 농담으로 몇 시간을 우리를 즐겁게 해 주셨다.

      _____

03 위에 인용한 것이 바로 우리 회장님이 말씀하신 것입니다.

      _____

04 우리 회사는 40년간 가동 되어오고 있다.

      _____

05 그 이사님께서 야근 관행을 바로 잡으셨다.

      _____

06 이 회의는 모두가 참석해야 하는 모임임을 기억하세요.

      _____

07 우리 팀장님의 말씀은 행동과 일치하지 않는다.

      _____

08 우리는 고객이 원하는 대로 제품을 주문제작할 수 있다.

      _____

09 그 무뢰한 고객의 행위는 용서받지 못할 행동이었다.

      _____

10 우리 팀장님의 완벽한 성격에서 술이 하나의 흠이다.

      _____

MEMO

어휘 분석

01   forward: V3, 보내다, 전달하다

We will be forwarding you our new catalogue next week.

다음 주에 새 카탈로그를 보내드리겠습니다.

02   alert: V3, -에게 -을 알리다

We should alert the president to the accident immediately.

사고를 회장님에게 즉시 알려야 한다.

03   discrepancy: N, 차이, 불일치

There is a big discrepancy between your and my figures?

당신 계산과 내 계산 사이에 차이가 있다.

04   realtor: N, 부동산 중계업자

My realtor will show you some homes this weekend.

우리 부동산 중개인이 이번 주말에 집 몇 채를 보여줄 겁니다.

05   recession: N, 불황, 불경기, 경기후퇴

The company economy is in deep recession now.

지금 회사 경제가 깊은 불황에 빠져 있다.

06   curb: V1, 막다, 억제하다, 제한하다, 재갈을 물리다

The government policies aimed at curbing inflation.

정부 정책들은 인플레이션 억제에 초점을 맞추고 있다.

07   utility: N, 수도 전기 같은 공익사업, 공익시설 사용료

Pay your public utility bills at this counter.

공공요금은 이 창구에서 내세요.

08   covet: V3, 탐내다, 갈망하다

Don't covet material things too much.

물질적인 것을 너무 탐내지 마라.

09   upscale: N, 상류층

My president wants to look like an upscale person.

사장님은 상류층 사람처럼 보이길 원한다.

10   remittance: N, 송금, 송금액

Remittance can be made by credit cards.

송금은 수표나 신용카드로도 할 수 있습니다.

01 We will be (   ) you our new catalogue next week.

다음 주에 새 카탈로그를 보내드리겠습니다.

02 We should (   ) the president to the accident immediately.

사고를 회장님에게 즉시 알려야 한다.

03 There is a big (   ) between your and my figures?

당신 계산과 내 계산 사이에 차이가 있다.

04 My (   ) will show you some homes this weekend.

우리 부동산 중개인이 이번 주말에 집 몇 채를 보여줄 겁니다.

05 The company economy is in deep (   ) now.

지금 회사 경제가 깊은 불황에 빠져 있다.

06 The government policies aimed at (   ) inflation.

정부 정책들은 인플레이션 억제에 초점을 맞추고 있다.

07 Pay your public (   ) bills at this counter.

공공요금은 이 창구에서 내세요.

08 Don't (   ) material things too much.

물질적인 것을 너무 탐내지 마라.

09 My president wants to look like an (   ) person.

사장님은 상류층 사람처럼 보이길 원한다.

10 (   ) can be made by credit cards.

송금은 수표나 신용카드로도 할 수 있습니다.

01　We will be (　　) you our new (　　) next week.
　　다음 주에 새 카탈로그를 보내드리겠습니다.

02　We should (　　) the president to the (　　) immediately.
　　사고를 회장님에게 즉시 알려야 한다.

03　There is a big (　　) between your and my (　　)?
　　당신 계산과 내 계산 사이에 차이가 있다.

04　My (　　) will show you some (　　) this weekend.
　　우리 부동산 중개인이 이번 주말에 집 몇 채를 보여줄 겁니다.

05　The company (　　) is in deep (　　) now.
　　지금 회사 경제가 깊은 불황에 빠져 있다.

06　The government policies aimed at (　　) (　　).
　　정부 정책들은 인플레이션 억제에 초점을 맞추고 있다.

07　Pay your public (　　) bills at this (　　).
　　공공요금은 이 창구에서 내세요.

08　Don't (　　) material (　　) too much.
　　물질적인 것을 너무 탐내지 마라.

09　My president wants to look like an (　　) (　　).
　　사장님은 상류층 사람처럼 보이길 원한다.

10　(　　) can be made by (　　).
　　송금은 수표나 신용카드로도 할 수 있습니다.

01 다음 주에 새 카탈로그를 보내드리겠습니다.

_____

02 사고를 회장님에게 즉시 알려야 한다.

_____

03 당신 계산과 내 계산 사이에 큰 차이가 있다.

_____

04 우리 부동산 중개인이 이번 주말에 집 몇 채를 보여줄 겁니다.

_____

05 지금 회사 경제가 깊은 불황에 빠져 있다.

_____

06 정부 정책들은 인플레이션 억제에 초점을 맞추고 있다.

_____

07 공공요금은 이 창구에서 내세요.

_____

08 물질적인 것을 너무 탐내지 마라.

_____

09 사장님은 상류층 사람처럼 보이길 원한다.

_____

10 송금은 수표나 신용카드로도 할 수 있습니다.

_____

MEMO

어휘 분석

01   subsidiary: N, 자회사

Our company is starting up a subsidiary in Seoul.

우리 회사는 서울에 자회사를 하나 열 예정이다.

02   viability: N, 실현 가능성, 실행 가능성

The viability of pay raise is our main concern.

봉급인상의 실현 가능성이 우리의 주된 관심사다.

03   consolidation: N, 합병, 강화

It is not a matter of consolidation but foundation of companies.

이것은 합병의 문제가 아니라 회사 신설의 문제다.

04   posied: A, 준비가 된

Korean IMF economy is poised for recovery now.

한국의 IMF 경제가 지금 회복될 준비가 되었다.

05   malicious: A, 악의적인, 적의 있는

There wasn't anything malicious in what the manager said.

팀장님이 말한 것에는 악의적인 어떠한 것도 없다.

06   disciplinary: A, 징계의

Company will take disciplinary action against his misappropriation.

회사는 그의 횡령에 대해 징계 조치를 취할 것이다.

07   ubiquitous: A, 어디에나 있는, 아주 흔한

Nowadays robots become ubiquitous on assembly lines.

요즘은 로봇은 조립 라인 어디서나 볼 수 있다.

08   adaptable: A, 적응할 수 있는

Our marketing manager is very adaptable.

우리 판매부장님은 적응이 대단히 빠르시다.

09   amicably: Ad, 평화롭게, 의좋게

The law suit between the two companies was settled amicably .

두 회사 간의 소송 사건은 평화롭게 해결되었다.

10   submission: N, (서류 · 제안서 등의) 제출, (의견의) 개진

Today is the final date for the submission of the application.

오늘이 지원서 제출 마감 날이다.

01   Our company is starting up a (   ) in Seoul.
우리 회사는 서울에 자회사를 하나 열 예정이다.

02   The (   ) of pay raise is our main concern.
봉급인상의 실현 가능성이 우리의 주된 관심사다.

03   It is not a matter of (   ) but foundation of companies.
이것은 합병의 문제가 아니라 회사 신설의 문제다.

04   Korean IMF economy is (   ) for recovery now.
한국의 IMF 경제가 지금 회복될 준비가 되었다.

05   There wasn't anything (   ) in what the manager said.
팀장님이 말한 것에는 악의적인 어떠한 것도 없다.

06   Company will take (   ) action against his misappropriation.
회사는 그의 횡령에 대해 징계 조치를 취할 것이다.

07   Nowadays robots become (   ) on assembly lines.
요즘은 로봇은 조립 라인 어디서나 볼 수 있다.

08   Our marketing manager is very (   ).
우리 판매부장님은 적응이 대단히 빠르시다.

09   The law suit between the two companies was settled (   ).
두 회사 간의 소송 사건은 평화롭게 해결되었다.

10   Today is the final date for the (   ) of the application.
오늘이 지원서 제출 마감 날이다.

01 Our company is starting up a (　　　) in (　　　).
우리 회사는 서울에 자회사를 하나 열 예정이다.

02 The (　　　) of (　　　) is our main concern.
봉급인상의 실현 가능성이 우리의 주된 관심사다.

03 It is not a matter of (　　　) but (　　　) of companies.
이것은 합병의 문제가 아니라 회사 신설의 문제다.

04 Korean IMF economy is (　　　) for (　　　) now.
한국의 IMF 경제가 지금 회복될 준비가 되었다.

05 There wasn't (　　　) (　　　) in what the manager said.
팀장님이 말한 것에는 악의적인 어떠한 것도 없다.

06 Company will take (　　　) (　　　) against his misappropriation.
회사는 그의 횡령에 대해 징계 조치를 취할 것이다.

07 Nowadays robots become (　　　) on (　　　).
요즘은 로봇은 조립 라인 어디서나 볼 수 있다.

08 Our (　　　) is very (　　　).
우리 판매부장님은 적응이 대단히 빠르시다.

09 The law suit between the two companies was (　　　) (　　　).
두 회사 간의 소송 사건은 평화롭게 해결되었다.

10 Today is the final date for the (　　　) of the (　　　).
오늘이 지원서 제출 마감 날이다.

작문 연습

01 우리 회사는 서울에 자회사를 하나 열 예정이다.

_____

02 봉급인상의 실현 가능성이 우리의 주된 관심사다.

_____

03 이것은 회사의 합병의 문제가 아니라 신설의 문제다.

_____

04 한국의 IMF 경제가 지금 회복될 준비가 되었다.

_____

05 팀장님이 말한 것에는 악의적인 어떠한 것도 없다.

_____

06 회사는 그의 횡령에 대해 징계 조치를 취할 것이다.

_____

07 요즘은 로봇은 조립 라인 어디서나 볼 수 있다.

_____

08 우리 판매부장님은 적응이 대단히 빠르시다.

_____

09 두 회사 간의 소송 사건은 평화롭게 해결되었다.

_____

10 오늘이 지원서 제출 마감 날이다.

_____

MEMO

어휘 분석

01 feature: V3, 모습을 나타내다

Most of the hotels featured in the brochure are very expensive.

그 팜플렛에 나오는 대부분의 호텔들은 매우 비싸다.

02 pore over: I, 정독하다, 숙고하다

The company lawyer is poring over the contract.

회사 변호사는 계약서를 꼼꼼히 읽고 있다.

03 divert: V3, 다른 데로 돌리다, 바꾸다

The accounting manager diverted our attention to the salary.

경리부장님은 우리의 관심을 봉급으로 돌렸다.

04 intrigue: V3, 호기심을 불러일으키다, 흥미를 불러일으키다

Your promotion story really intrigued us.

자네 승진 얘기는 정말 우리의 흥미를 불러일으키는군.

05 frantic: A, 제정신이 아닌, 정신없이 돌아가는

Things are frantic in the company right now.

회사에서는 지금 일이 정신없이 돌아가고 있다.

06 shaky: A, 불안정한, 흔들리는, 휘청거리는

As for the company, business is looking shaky now.

회사로서는 지금 사업이 불안정해 보인다.

TOEIC Vocabulary ------------------------------

07 scale down: I, 크기를 줄이다

Our company will scale down the production next year.

우리 회사는 내년에는 생산을 축소시킬 것이다.

08 grandiose: A, 너무 거창한

The restaurant was too grandiose for us to go.

그 식당은 우리가 가기에는 너무 거창했다.

09 bumpy: A, 울퉁불퉁한, 험난한

Economically, our company will navigate a bumpy voyage this year.

올해 우리 회사는 경제적으로 험난한 항해를 하게 될 것이다.

10 bullish: A, 낙관적인, 상승세의

The Korean stock market is looking bullish.

한국의 주식 시장은 낙관적으로 보인다.

01　Most of the hotels (　　) in the brochure are very expensive.
　　그 팜플렛에 나오는 대부분의 호텔들은 매우 비싸다.

02　The company lawyer is (　　) the contract.
　　회사 변호사는 계약서를 꼼꼼히 읽고 있다.

03　The accounting manager (　　) our attention to the salary.
　　경리부장님은 우리의 관심을 봉급으로 돌렸다.

04　Your promotion story really (　　) us. Tell me in detail.
　　자네 승진 얘기는 정말 우리의 흥미를 불러일으키는군. 자세히 말해봐

05　Things are (　　) in the company right now.
　　회사에서는 지금 일이 정신없이 돌아가고 있다.

06　As for the company, business is looking (　　) now.
　　회사로서는 지금 사업이 불안정해 보인다.

07　Our company will (　　) the production next year.
　　우리 회사는 내년에는 생산을 축소시킬 것이다.

08　The restaurant was too (　　) for us to go.
　　그 식당은 우리가 가기에는 너무 거창했다.

09　Economically, our company will navigate a (　　) voyage this year.
　　올해 우리 회사는 경제적으로 험난한 항해를 하게 될 것이다.

10　The Korean stock market is looking (　　).
　　한국 주식 시장은 낙관적으로 보인다.

 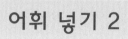

01 Most of the hotels (　　) in the (　　) are very expensive.
그 팜플렛에 나오는 대부분의 호텔들은 매우 비싸다.

02 The company lawyer is (　　) the (　　).
회사 변호사는 계약서를 꼼꼼히 읽고 있다.

03 The accounting manager (　　) our attention to the (　　).
경리부장님은 우리의 관심을 봉급으로 돌렸다.

04 Your (　　) story really (　　) us. Tell me in detail.
자네 승진 얘기는 정말 우리의 흥미를 불러일으키는군. 자세히 말해봐

05 (　　) are (　　) in the company right now.
회사에서는 지금 일이 정신없이 돌아가고 있다.

06 As for the company, (　　) is looking (　　) now.
회사로서는 지금 사업이 불안정해 보인다.

07 Our company will (　　) the (　　) next year.
우리 회사는 내년에는 생산을 축소시킬 것이다.

08 The (　　) was too (　　) for us to go.
그 식당은 우리가 가기에는 너무 거창했다.

09 Economically, our company will navigate a (　　) (　　) this year.
올해 우리 회사는 경제적으로 험난한 항해를 하게 될 것이다.

10 The Korean (　　) is looking (　　).
한국 주식 시장은 낙관적으로 보인다.

01 그 팜플렛에 나오는 대부분의 호텔들은 매우 비싸다.

02 회사 변호사는 계약서를 꼼꼼히 읽고 있다.

03 경리부장님은 우리의 관심을 봉급으로 돌렸다.

04 자네 승진 얘기는 정말 우리의 흥미를 불러일으키는군. 자세히 말해봐.

05 회사에서는 지금 일이 정신없이 돌아가고 있다.

06 회사로서는 지금 사업이 불안정해 보인다.

07 우리 회사는 내년에는 생산 규모를 축소할 것이다.

08 그 식당은 우리가 가기에는 너무 거창했다.

09 올해 우리 회사는 경제적으로 험난한 항해를 하게 될 것이다.

10 한국의 주식 시장은 낙관적으로 보인다.

MEMO

01 **promotional**: A, 판촉의, 사은의

The 500 customers who buy over 50,000 won will get a promotional gift.

5만 원 이상 구매 고객 500분께 사은품을 드립니다.

02 **proprietor**: N, 소유주

The proprietor of that shoes store waits on customers himself.

저 신발 가게 주인은 손님을 손수 모신다.

03 **commitment**: N, 헌신, 전념

Our president has lived a life of commitment for his employees.

우리 회장님은 평생을 직원들에 대한 헌신으로 살아왔다

04 **infer**: V3, 추론하다, 암시하다

The president's words infer that there is a layoff soon.

회장님 말씀은 곧 해고가 있을 것이라는 것을 암시하고 있다.

05 **projected**: A, 예상된

The number of customers is projected to decrease because of inflation.

인플레이션 땜에 단골손님의 수가 감소할 것으로 예상된다.

06 **tentative**: A, 잠정적인

We made a tentative decision to work overtime.

우리는 야근하기로 잠정적으로 결정했다.

07 banquet: N, 연회, 만찬

The president banquet will be held after this conference.

이 회의가 끝나면 회장님의 만찬이 있을 것이다.

08 tenant: N, 세입자, 임차인

The landlord had evicted his tenants for not paying the rent.

집주인은 집세를 내지 않았다고 세입자들을 쫓아냈다.

09 evict: V3, 쫓아내다, 퇴거시키다

Several tenants have been evicted for not paying the rent.

여러 명의 세입자들이 집세를 내지 못해 쫓겨났다.

10 initiative: N, (특정한 문제 해결·목적 달성을 위한 새로운) 계획

We will profit from the government initiative to reduce unemployment

실업을 줄이려는 정부의 계획으로부터 혜택을 받을 수 있을 것이다.

01 The 500 customers who buy over 50,000 won will get a (   ) gift.
5만 원 이상 구매 고객 500분께 사은품을 드립니다.

02 The (   ) of that shoes store waits on customers himself.
저 신발 가게 주인은 손님을 손수 모신다.

03 Our president has lived a life of (   ) for his employees.
우리 회장님은 평생을 직원들에 대한 헌신으로 살아왔다

04 The president's words (   ) that there is a layoff soon.
회장님 말씀은 곧 해고가 있을 것이라는 것을 암시하고 있다.

05 The number of customers is (   ) to decrease because of inflation.
인플레이션 땜에 단골손님의 수가 감소할 것으로 예상된다.

06 We made a (   ) decision to work overtime.
우리는 야근하기로 잠정적으로 결정했다.

07 The president (   ) will be held after this conference.
이 회의가 끝나면 회장님의 만찬이 있을 것이다.

08 The landlord had evicted his (   ) for not paying the rent.
집주인은 집세를 내지 않았다고 세입자들을 쫓아냈다.

09 Several tenants have been (   ) for not paying the rent.
여러 명의 세입자들이 집세를 내지 못해 쫓겨났다.

10 We will profit from the government (   ) to reduce unemployment
실업을 줄이려는 정부의 계획으로부터 혜택을 받을 수 있을 것이다.

01 The 500 customers who buy over 50,000 won will get a (   ) (   ).
5만 원 이상 구매 고객 500분께 사은품을 드립니다.

02 The (   ) of that (   ) waits on customers himself.
저 신발 가게 주인은 손님을 손수 모신다.

03 Our president has lived a life of (   ) for his (   ).
우리 회장님은 평생을 직원들에 대한 헌신으로 살아왔다

04 The president's (   ) (   ) that there is a layoff soon.
회장님 말씀은 곧 해고가 있을 것이라는 것을 암시하고 있다.

05 The number of customers is (   ) to (   ) because of inflation.
인플레이션 땜에 단골손님의 수가 감소할 것으로 예상된다.

06 We made a (   ) (   ) to work overtime.
우리는 야근하기로 잠정적으로 결정했다.

07 The president (   ) will be held after this (   ).
이 회의가 끝나면 회장님의 만찬이 있을 것이다.

08 The landlord had (   ) his (   ) for not paying the rent.
집주인은 집세를 내지 않았다고 세입자들을 쫓아냈다.

09 Several (   ) have been (   ) for not paying the rent.
여러 명의 세입자들이 집세를 내지 못해 쫓겨났다.

10 We will profit from the (   ) (   ) to reduce unemployment
실업을 줄이려는 정부의 계획으로부터 혜택을 받을 수 있을 것이다.

01 5만원 이상 구매 고객 500분께 사은품을 드립니다.

_____

02 저 신발 가게 주인은 손님을 손수 모신다.

_____

03 우리 회장님은 평생을 직원들에 대한 헌신으로 살아왔다.

_____

04 회장님 말씀은 곧 해고가 있을 것이라는 것을 암시하고 있다.

_____

05 인플레이션 땜에 단골손님의 수가 감소할 것으로 예상된다.

_____

06 우리는 야근하기로 잠정적으로 결정했다.

_____

07 이 회의가 끝나면 회장님의 만찬이 있을 것이다.

_____

08 집주인은 집세를 내지 않았다고 세입자들을 쫓아냈다.

_____

09 여러 명의 세입자들이 집세를 내지 못해 쫓겨났다.

_____

10 실업을 줄이려는 정부의 계획으로부터 혜택을 받을 수 있을 것이다.

_____

MEMO

01 disruptive: A, 지장을 주는

The guard's job is to prevent disruptive campaigning voices.

우리 경비가 하는 일은 (업무에) 지장을 주는 광고소음을 막는 일이다.

02 disarm: V3, (화가 났거나 비판적인 사람의) 마음을 누그러뜨리다

We disarmed our manager by apologizing for our mistakes.

우리는 우리 실수에 대해 사과를 해서 부장님의 마음을 누그러뜨렸다.

03 unique: A, 독특한, 특별한, 유일무이한

He is not an ordinary employee but a unique employee.

그는 평범한 직원이 아니라 독특한 직원이다.

04 swipe: V3, 대다, 읽히다, 긁다

Entering the company, swipe your employee ID card through the card reader.

회사에 들어갈 때 사원 카드를 판독기에 대어 주십시오.

05 verify: V3, (진실인지 · 정확한지) 확인하다

Our company had no way of verifying his identification.

우리 회사는 그의 신원을 확인할 길이 없었다.

06 revitalize: V3, 재개발하다, 부활시키다, 활성화하다

Our company is going to take the job of revitalizing the inner city.

우리 회사가 도심지를 재개발 하는 일을 맡을 예정이다.

TOEIC Vocabulary ---------------------------------

07 craft: V3, 공들여 만들다

All the furniture in this shop is crafted from natural materials.

이 가게의 모든 가구들은 천연 제재로 만들어졌습니다.

08 subscription: N, 구독, 구독료

I renewed the subscription to your magazine for one year.

귀사의 잡지 구독을 1년 더 갱신했습니다.

09 extension: N, 확대, 연장, 내선

We're granted an extension of the contract for another year.

우리는 계약을 1년 더 연장 받았습니다.

10 precaution: N, 예방조치, 예방수단

Employees must take all precautions to protect yourselves.

직원들은 스스로를 보호할 수 있는 모든 예방조치를 취해야 합니다.

01   The guard's job is to prevent (   ) campaigning voices.
      우리 경비가 하는 일은 (업무에) 지장을 주는 광고소음을 막는 일이다.

02   We (   ) our manager by apologizing for our mistakes.
      우리는 우리 실수에 대해 사과를 해서 부장님의 마음을 누그러뜨렸다.

03   He is not an ordinary employee but a (   ) employee.
      그는 평범한 직원이 아니라 독특한 직원이다.

04   Entering the company, (   ) your employee ID card through the card reader.
      회사에 들어갈 때 사원 카드를 판독기에 대어 주십시오.

05   Our company had no way of (   ) his identification.
      우리 회사는 그의 신원을 확인할 길이 없었다.

06   Our company is going to take the job of (   ) the inner city.
      우리 회사가 도심지를 재개발 하는 일을 맡을 예정이다.

07   All the furniture in this shop is (   ) from natural materials.
      이 가게의 모든 가구들은 천연 제재로 만들어졌습니다.

08   I renewed the (   ) to your magazine for one year.
      귀사의 잡지 구독을 1년 더 갱신했습니다.

09   We're granted an (   ) of the contract for another year.
      우리는 계약을 1년 더 연장 받았습니다.

10   Employees must take all (   ) to protect yourselves.
      직원들은 스스로를 보호할 수 있는 모든 예방조치를 취해야 합니다.

01   The guard's job is to prevent (   ) campaigning (   ).
우리 경비가 하는 일은 (업무에) 지장을 주는 광고소음을 막는 일이다.

02   We (   ) our manager by (   ) for our mistakes.
우리는 우리 실수에 대해 사과를 해서 부장님의 마음을 누그러뜨렸다.

03   He is not an (   ) employee but a (   ) employee.
그는 평범한 직원이 아니라 독특한 직원이다.

04   Entering the company, (   ) your employee (   ) through the card reader.
회사에 들어갈 때 사원 카드를 판독기에 대어 주십시오.

05   Our company had no way of (   ) his (   ).
우리 회사는 그의 신원을 확인할 길이 없었다.

06   Our company is going to take the job of (   ) the (   ).
우리 회사가 도심지를 재개발 하는 일을 맡을 예정이다.

07   All the furniture in this shop is (   ) from natural (   ).
이 가게의 모든 가구들은 천연 제재로 만들어졌습니다.

08   I renewed the (   ) to your (   ) for one year.
귀사의 잡지 구독을 1년 더 갱신했습니다.

09   We're granted an (   ) of the (   ) for another year.
우리는 계약을 1년 더 연장 받았습니다.

10   Employees must (   ) all (   ) to protect yourselves.
직원들은 스스로를 보호할 수 있는 모든 예방조치를 취해야 합니다.

작문 연습

01 우리 경비가 하는 일은 (업무에) 지장을 주는 광고소음을 막는 일이다.
_____

02 우리는 우리 실수에 대해 사과를 해서 부장님의 마음을 누그러뜨렸다.
_____

03 그는 평범한 직원이 아니라 독특한 직원이다.
_____

04 회사에 들어갈 때 사원 카드를 판독기에 대어 주십시오.
_____

05 우리 회사는 그의 신원을 확인할 길이 없었다.
_____

06 우리 회사가 도심지를 재개발 하는 일을 맡을 예정이다.
_____

07 이 가게의 모든 가구들은 천연 제재로 만들어졌습니다.
_____

08 귀사의 잡지 구독을 1년 더 갱신했습니다.
_____

09 우리는 계약을 1년 더 연장 받았습니다.
_____

10 직원들은 스스로를 보호할 수 있는 모든 예방조치를 취해야 합니다.
_____

MEMO

01   proportion: N, (다른 것과 규모 · 양 등을 대조한) 비, 비율

The proportion of men to women in our firm has changed over the years.

세월이 흐르면서 회사의 남녀 성비가 달라졌다.

02   shortage: N, 부족

Seoul is now building motels to solve the shortage of accommodations.

서울은 지금 숙박시설의 부족을 해결하기 위해 모텔을 짓고 있다.

03   acute: A, 극심한, 격심한

Our magazine deals with the world's acute environmental problems.

우리 잡지는 극심한 세계 환경 문제를 다루고 있다.

04   challenge: N, 힘든 일, 해볼 만 한 일, 도전거리

Entering this big company is a great challenge.

이런 큰 회사에 입사하는 것은 정말 해볼 만 한 것이다.

05   division: N, 분배, 부, 국

Every division of our company is implementing budget reductions.

우리 회사 각 부서는 예산 삭감을 시행하고 있습니다.

06   retail: V3, 소매하다

Our bookshop retails the book at 10,000 won.

우리 가게는 그 책을 10,000 원에 팝니다.

07 replacement: N, 교환, 교체

I am not interested in receiving replacement.

저는 교환 받는 것을 원하지 않습니다.

08 supervision: N, 감독, 관리

The project was completed under the supervision of our manager.

그 프로젝트는 팀장님의 감독 하에 완성되었다.

09 appreciate; V3, 진가를 인정하다

His talents are not fully appreciated in our company.

그의 재능은 우리 회사에서 진가를 충분히 인정받지 못하고 있다.

10 priority: N, 우선권, 우선순위

Our employees will be given priority for discount over others.

다른 사람에 앞서 우리 직원들에게 할인 우선권이 주어질 것이다.

01   The ( ) of men to women in our firm has changed over the years.
세월이 흐르면서 회사의 남녀 성비가 달라졌다.

02   Seoul is now building motels to solve the ( ) of accommodations.
서울은 지금 숙박시설의 부족을 해결하기 위해 모텔을 짓고 있다.

03   Our magazine deals with the world's ( ) environmental problems.
우리 잡지는 극심한 세계 환경 문제를 다루고 있다.

04   Entering this big company is a great ( ).
이런 큰 회사에 입사하는 것은 정말 해볼 만 한 것이다.

05   Every ( ) of our company is implementing budget reductions.
우리 회사 각 부서는 예산 삭감 을 시행하고 있습니다.

06   Our bookshop ( ) the book at 10,000 won.
우리 가게는 그 책을 10,000 원에 팝니다.

07   I am not interested in receiving ( ).
저는 교환 받는 것을 원하지 않습니다.

08   The project was completed under the ( ) of our manager.
그 프로젝트는 팀장님의 감독 하에 완성되었다.

09   His talents are not fully ( ) in our company.
그의 재능은 우리 회사에서 진가를 충분히 인정받지 못하고 있다.

10   priority: N, 우선권, 우선순위
Our employees will be given ( ) for discount over others.

01 The (   ) of (   ) in our firm has changed over the years.
세월이 흐르면서 회사의 남녀 성비가 달라졌다.

02 Seoul is now building motels to solve the (   ) of (   ).
서울은 지금 숙박시설의 부족을 해결하기 위해 모텔을 짓고 있다.

03 Our magazine deals with the world's (   ) environmental (   ).
우리 잡지는 극심한 세계 환경 문제를 다루고 있다.

04 Entering this (   ) is a great (   ).
이런 큰 회사에 입사하는 것은 정말 해볼 만 한 것이다.

05 Every (   ) of our (   ) is implementing budget reductions.
우리 회사 각 부서는 예산 삭감 을 시행하고 있습니다.

06 Our bookshop (   ) the book at (   ) won.
우리 가게는 그 책을 10,000 원에 팝니다.

07 I am not interested in (   ) (   ).
저는 교환 받는 것을 원하지 않습니다.

08 The project was completed under the (   ) of our(   ).
그 프로젝트는 팀장님의 감독 하에 완성되었다.

09 His (   ) are not fully (   ) in our company.
그의 재능은 우리 회사에서 진가를 충분히 인정받지 못하고 있다.

10 Our employees will be given (   ) for (   ) over others.
다른 사람에 앞서 우리 직원들에게 할인 우선권이 주어질 것이다.

 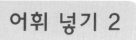

01 세월이 흐르면서 회사의 남녀 성비가 달라졌다.

_____

02 서울은 지금 숙박시설의 부족을 해결하기 위해 모텔을 짓고 있다.

_____

03 우리 잡지는 극심한 세계 환경 문제를 다루고 있다.

_____

04 이런 큰 회사에 입사하는 것은 정말 해볼 만 한 것이다.

_____

05 우리 회사 각 부서는 예산 삭감을 시행하고 있습니다.

_____

06 우리 가게는 그 책을 10,000원에 팝니다.

_____

07 저는 교환 받는 것을 원하지 않습니다.

_____

08 그 프로젝트는 팀장님의 감독 하에 완성되었다.

_____

09 그의 재능은 우리 회사에서 진가를 충분히 인정받지 못하고 있다.

_____

10 다른 사람에 앞서 우리 직원들에게 할인 우선권이 주어질 것이다.

_____

MEMO

01 facility: N, 시설

Our hotel has convenient facilities for disabled people.

우리 호텔은 장애자를 위한 편의시설이 있다.

02 output: N, 생산량, 산출량

In spite of the economic recession, the output of autos has risen.

경기침체에도 불구하고 자동차 생산량은 늘었다.

03 transition: N, 전환, 변환, 과도기

Our company is in a state of transition from a small store to a company.

우리 회사는 지금 구멍가게에서 하나의 회사로 가는 과도기에 놓여있다.

04 discipline: V3, 교육시키다, 훈련시키다, 훈육시키다

In this session, the marketing manager will discipline the newcomers.

이번 시간에는 판매부장님께서 신입사원을 교육시키실 겁니다.

05 opening: N, 공석, 결원, 개시, 개장

There is a job opening in the personnel department in my company.

우리 회사 인사부에 빈자리가 하나 있습니다.

06 probationary: A, 수습의, 견습의, 가채용의

After two month probationary period, you will be a regular employee.

여러분은 두 달간의 수습기간이 지나면 정식직원이 됩니다.

07   unbearable: A, 참을 수 없는, 견딜 수 없는

Our manager's arrogance made us unbearable any more.

우리 팀장님의 거만함은 우리로 하여금 더 이상은 참을 수 없게 만들었다.

08   currently: Ad, 현재, 지금

The labor union is currently negotiating with the company.

우리 회사의 노조는 회사와 지금 협상 중이다.

09   consistently: Ad, 일관되게, 끊임없이

Our company has consistently denied a restructuring.

우리 회사는 일관되게 구조조정을 부인했다.

10   aggressive: A, 적극인, 공격적인

We carried out an aggressive marketing campaign for the low market share.

우리 회사는 낮은 시장 점유율 땜에 공격적인 마케팅을 펼쳤다.

01 Our hotel has convenient (   ) for disabled people.
우리 호텔은 장애자를 위한 편의시설이 있다.

02 In spite of the economic recession, the (   ) of autos has risen.
경기침체에도 불구하고 자동차 생산량은 늘었다.

03 Our company is in a state of (   ) from a small store to a company.
우리 회사는 지금 구멍가게에서 하나의 회사로 가는 과도기에 놓여있다.

04 In this session, the marketing manager will (   ) the newcomers.
이번 시간에는 판매부장님께서 신입사원을 교육시키실 겁니다.

05 There is a job (   ) in the personnel department in my company.
우리 회사 인사부에 빈자리가 하나 있습니다.

06 After two month (   ) period, you will be a regular employee.
여러분은 두 달간의 수습기간이 지나면 정식직원이 됩니다.

07 Our manager's arrogance made us (   ) any more.
우리 팀장님의 거만함은 우리로 하여금 더 이상은 참을 수 없게 만들었다.

08 The labor union is (   ) negotiating with the company.
우리 회사의 노조는 회사와 지금 협상 중이다.

09 Our company has (   ) denied a restructuring.
우리 회사는 일관되게 구조조정을 부인했다.

10 We carried out an (   ) marketing campaign for the low market share.
우리 회사는 낮은 시장 점유율 땜에 공격적인 마케팅을 펼쳤다.

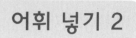
01 Our hotel has convenient (   ) for (   ).
우리 호텔은 장애자를 위한 편의시설이 있다.

02 In spite of the economic recession, the (   ) of (   ) has risen.
경기침체에도 불구하고 자동차 생산량은 늘었다.

03 Our company is in a state of (   ) from a small store to a (   ).
우리 회사는 지금 구멍가게에서 하나의 회사로 가는 과도기에 놓여있다.

04 In this session, the marketing manager will (   ) the (   )
이번 시간에는 판매부장님께서 신입사원을 교육시키실 겁니다.

05 There is a job (   ) in the (   ) in my company.
우리 회사 인사부에 빈자리가 하나 있습니다.

06 After two month (   ) period, you will be a (   )
여러분은 두 달간의 수습기간이 지나면 정식직원이 됩니다.

07 Our manager's (   ) made us (   ) any more.
우리 팀장님의 거만함은 우리로 하여금 더 이상은 참을 수 없게 만들었다.

08 The labor union is (   ) (   ) with the company.
우리 회사의 노조는 회사와 지금 협상 중이다.

09 Our company has (   ) (   ) a restructuring.
우리 회사는 일관되게 구조조정을 부인했다.

10 We carried out an (   ) marketing (   ) for the low market share.
우리 회사는 낮은 시장 점유율 땜에 공격적인 마케팅을 펼쳤다.

01 우리 호텔은 장애자를 위한 편의시설이 있다.

02 경기침체에도 불구하고 자동차 생산량은 늘었다.

03 우리 회사는 지금 구멍가게에서 하나의 회사로 가는 과도기에 놓여있다.

04 이번 시간에는 판매부장님께서 신입사원을 교육시키실 겁니다.

05 우리 회사 인사부에 빈자리가 하나 있습니다.

06 여러분은 두 달간의 수습기간이 지나면 정식직원이 됩니다.

07 우리 팀장님의 거만함은 우리로 하여금 더 이상은 참을 수 없게 만들었다.

08 우리 회사의 노조는 회사와 지금 협상 중이다.

09 우리 회사는 일관되게 구조조정을 부인했다.

10 우리 회사는 낮은 시장 점유율 땜에 공격적인 마케팅을 펼쳤다.

MEMO

01 suited: A, 어울리는, 적당한

Our sales manager is not really suited for a sales position.

우리 판매부장님은 사실 판매직에 적합하지가 않다.

02 exclusively: Ad, 오로지, 독점적으로

The 50-percent discount applies exclusively to members.

50% 할인은 오로지 회원들에게만 적용됩니다.

03 fit: V3, (모양·크기가 어떤 사람·사물에) 맞다

I bought a pair of shoes which fits my feet very well.

내 발에 잘 맞는 신발을 한 켤레 샀다.

04 significantly: Ad, 상당히, 중요하게

Our wages have significantly increased this year.

임금이 올 해 상당히 인상되었다.

05 aptitude: N, 소질, 적성

The personnel manager let me know my aptitude test record today.

인사부장님은 오늘 나의 적성 검사결과를 알려주셨다.

06 firmly: Ad, 단호히, 확고히

Samsung is firmly established as a leading brand in the world.

삼성은 세계에서 일등 브랜드로 확고히 자리 잡았다.

07 markedly: Ad, 현저하게, 두드러지게

Our sales figures of this year have risen markedly.

우리 회사 올해의 매출액은 현저하게 증가했다.

08 affiliate: N, 계열사, 자회사

Samsung has 60 affiliates only in Korea.

삼성은 한국에만 60 개의 계열사를 가지고 있다.

09 thereafter: Ad, 그 후에

Your competition results will be announced shortly thereafter.

여러분의 경쟁 결과는 잠시 후에 발표될 것입니다.

10 ahead: Ad, (공간 · 시간상으로) 앞으로, 앞에

Inflation will create financial problems in the months ahead.

인플레이션은 앞으로 몇 달 안에 자금문제를 야기 시킬 것이다.

01   Our sales manager is not really (   ) for a sales position.
우리 판매부장님은 사실 판매직에 적합하지가 않다.

02   The 50-percent discount applies (   ) to members.
50% 할인은 오로지 회원들에게만 적용됩니다.

03   I bought a pair of shoes which (   ) my feet very well.
내 발에 잘 맞는 신발을 한 켤레 샀다.

04   Our wages have (   ) increased this year.
임금이 올 해 상당히 인상되었다.

05   The personnel manager let me know my (   ) test record today.
인사부장님은 오늘 나의 적성 검사결과를 알려주셨다.

06   Samsung is (   ) established as a leading brand in the world.
삼성은 세계에서 일등 브랜드로 확고히 자리 잡았다.

07   Our sales figures of this year have risen (   ).
우리 회사 올해의 매출액은 현저하게 증가했다.

08   Samsung has 60 (   ) only in Korea.
삼성은 한국에만 60 개의 계열사를 가지고 있다.

09   Your competition results will be announced shortly (   ).
여러분의 경쟁 결과는 잠시 후에 발표될 것입니다.

10   Inflation will create financial problems in the months (   ).
인플레이션은 앞으로 몇 달 안에 자금문제를 야기 시킬 것이다.

01 Our sales manager is not really (   ) for a (   ).
우리 판매부장님은 사실 판매직에 적합하지가 않다.

02 The 50-percent discount applies (   ) to (   ).
50% 할인은 오로지 회원들에게만 적용됩니다.

03 I bought a pair of shoes which (   ) my (   ) very well.
내 발에 잘 맞는 신발을 한 켤레 샀다.

04 Our wages have (   ) (   ) this year.
임금이 올 해 상당히 인상되었다.

05 The personnel manager let me know my (   ) (   ) record today.
인사부장님은 오늘 나의 적성 검사결과를 알려주셨다.

06 Samsung is (   ) (   ) as a leading brand in the world.
삼성은 세계에서 일등 브랜드로 확고히 자리 잡았다.

07 Our sales figures of this year have (   ) (   ).
우리 회사 올해의 매출액은 현저하게 증가했다.

08 Samsung has (   ) (   ) only in Korea.
삼성은 한국에만 60 개의 계열사를 가지고 있다.

09 Your competition results will be (   ) shortly (   ).
여러분의 경쟁 결과는 잠시 후에 발표될 것입니다.

10 Inflation will (   ) financial problems in the months (   ).
인플레이션은 앞으로 몇 달 안에 자금문제를 야기 시킬 것이다.

01 우리 판매부장님은 사실 판매직에 적합하지가 않다.

_____

02 50% 할인은 오로지 회원들에게만 적용됩니다.

_____

03 내 발에 잘 맞는 신발을 한 켤레 샀다.

_____

04 임금이 올 해 상당히 인상되었다.

_____

05 인사부장님은 오늘 나의 적성 검사결과를 알려주셨다.

_____

06 삼성은 세계에서 일등 브랜드로 확고히 자리 잡았다.

_____

07 우리 회사 올해의 매출액은 현저하게 증가했다.

_____

08 삼성은 한국에만 60 개의 계열사를 가지고 있다.

_____

09 여러분의 경쟁 결과는 잠시 후에 발표될 것입니다.

_____

10 인플레이션은 앞으로 몇 달 안에 자금문제를 야기 시킬 것이다.

_____

MEMO

어휘 분석

01 respectfully: Ad, 공손하게, 삼가, 정중하게

The customer apologized to us for his misconduct respectfully.

그 고객은 자신의 잘못된 행위에 대해 우리에게 정중히 사과했다.

02 confidently: Ad, 확신 있게, 자신 있게

I could confidently say that you are better than your manager.

당신이 부장님보다 더 낫다고 자신 있게 말할 수 있습니다.

03 knowingly: Ad, 알면서도, 고의로

It is against the law to hire illegal workers knowingly.

알면서 불법근로자를 고용하는 것은 불법이다.

04 promptly: Ad, 즉시, 제시간에

The customer asked me to reply promptly for his complaints.

그 고객은 내게 그의 불만에 대해 내게 즉답을 요구했다.

05 presently: Ad, 현재, 지금

The number of employees of our company is presently 1,000.

현재 우리 회사의 직원 수는 1,000명입니다.

06 initially: Ad, 처음에는

Initially, North Korea was richer than South Korea.

처음에는 북한이 남한보다 더 잘 살았다.

07   eventually: Ad, 결국, 종내

Because of the check-in delay, our flight eventually left one hours late.

우리 비행기는 탑승 수속 지연으로 결국 1시간 늦게 떠났다.

08   voluntarily: Ad, 자발적으로, 자원해서

Even though he is a veteran, he voluntarily works overtime.

고참 사원이지만 그는 자발적으로 야근을 한다.

09   calmly: Ad, 차분하게, 침착하게 고요히

The marketing manager explain the new item to us calmly.

판매 부장님은 우리에게 새 상품에 대해 차분하게 설명 했다.

10   cordially: Ad, 진심으로, 몹시

Every employee is cordially invited to the company year end party.

모든 직원이 회사 망년회에 참석하시를 진심으로 바랍니다.

01 The customer apologized to us for his misconduct (   ).
그 고객은 자신의 잘못된 행위에 대해 우리에게 정중히 사과했다.

02 I could (   ) say that you are better than your manager.
당신이 부장님보다 더 낫다고 자신 있게 말할 수 있습니다.

03 It is against the law to hire illegal workers (   ).
알면서 불법근로자를 고용하는 것은 불법이다.

04 The customer asked me to reply (   ) for his complaints.
그 고객은 내게 그의 불만에 대해 내게 즉답을 요구했다.

05 The number of employees of our company is (   ) 1,000.
현재 우리 회사의 직원 수는 1,000명입니다.

06 (   ), North Korea was richer than South Korea.
처음에는 북한이 남한보다 더 잘 살았다.

07 Because of the check-in delay, our flight (   ) left one hours late.
우리 비행기는 탑승 수속 지연으로 결국 1시간 늦게 떠났다.

08 Even though he is a veteran, he (   ) works overtime.
고참 사원이지만 그는 자발적으로 야근을 한다.

09 The marketing manager explain the new item to us (   ).
판매 부장님은 우리에게 새 상품에 대해 차분하게 설명 했다.

10 Every employee is (   ) invited to the company year end party.
모든 직원이 회사 망년회에 참석하시를 진심으로 바랍니다.

01   The customer (　　　) to us for his misconduct (　　　).
그 고객은 자신의 잘못된 행위에 대해 우리에게 정중히 사과했다.

02   I could (　　　) (　　　) that you are better than your manager.
당신이 부장님보다 더 낫다고 자신 있게 말할 수 있습니다.

03   It is against the law to hire (　　　) (　　　).
알면서 불법근로자를 고용하는 것은 불법이다.

04   The customer asked me to (　　　) (　　　) for his complaints.
그 고객은 내게 그의 불만에 대해 내게 즉답을 요구했다.

05   The number of employees of our company is (　　　) (　　　).
현재 우리 회사의 직원 수는 1,000명입니다.

06   (　　　), North Korea was (　　　) than South Korea.
처음에는 북한이 남한보다 더 잘 살았다.

07   Because of the check-in delay, our flight (　　　) left one hours (　　　)
우리 비행기는 탑승 수속 지연으로 결국 1시간 늦게 떠났다.

08   Even though he is a veteran, he (　　　) (　　　)
고참 사원이지만 그는 자발적으로 야근을 한다.

09   The marketing manager (　　　) the new item to us (　　　).
판매 부장님은 우리에게 새 상품에 대해 차분하게 설명 했다.

10   Every employee is (　　　) (　　　) to the company year end party.
모든 직원이 회사 망년회에 참석하시를 진심으로 바랍니다.

01　그 고객은 자신의 잘못된 행위에 대해 우리에게 정중히 사과했다.

02　당신이 부장님보다 더 낫다고 자신 있게 말할 수 있습니다.

03　알면서 불법근로자를 고용하는 것은 불법이다.

04　그 고객은 내게 그의 불만에 대해 내게 즉답을 요구했다.

05　현재 우리 회사의 직원 수는 1,000명입니다.

06　처음에는 북한이 남한보다 더 잘 살았다.

07　우리 비행기는 탑승 수속 지연으로 결국 1시간 늦게 떠났다.

08　고참 사원이지만 그는 자발적으로 야근을 한다.

09　판매 부장님은 우리에게 새 상품에 대해 차분하게 설명 했다.

10　모든 직원이 회사 망년회에 참석하시를 진심으로 바랍니다.

MEMO

어휘 분석

01 creditable: A, 믿을만한

He is a creditable person as a investment banker.

그는 투자상담사로 믿을만한 사람입니다.

02 persuasively: Ad, 설득력 있게

He argued persuasively for his promotion to the personnel manager.

그는 그의 승진을 위해 인사부장님에게 설득력 있게 주장을 폈다.

03 executive: N, 경영진, 간부, 이사

The executives of our company make the final approval on everything.

회사는 경영진이 모든 최종 승인을 한다.

04 emphatic: A, 강조하는, 단호한

The interviewer was emphatic that you should leave a strong impression.

면접관은 내게 강한 인상을 남길 것을 강조했다.

05 eligible: A, 할 수 있는, 자격이 있는

Only those over 65 are eligible to get a free subway ticket.

65세가 넘어야 무료 지하철 표를 받을 자격이 있다.

06 chronological: A, 순서대로, 연대순으로

All historical events of our firm are arranged in chronological order.

우리 회사의 모든 역사적 사건들은 연대순으로 정리되어 있다.

07   contingent, A, 달린, 의존하는

The success of our firm is contingent upon your hands

우리 회사의 성공은 여러분의 손에 달려있다.

08   operation: N, 운용, 작동

Company security services are in full operation 24 hours a day.

회사 보안 서비스는 하루 24시간 가동 된다.

09   likely: A, 할 것 같은, 할 것으로 예상되는

The weatherman said we were likely to have a rain tomorrow.

기상 캐스터는 내일 비가 올 거라고 말했다.

10   dedicate: V3, (시간 · 노력을) 바치다, 전념하다, 헌신하다

Our president dedicated his life to succeed family occupation.

회장님은 가업을 계승하는 데에 평생을 바쳤다.

01 He is a (   ) person as a investment banker.
그는 투자상담사로 믿을만한 사람입니다.

02 He argued (   ) for his promotion to the personnel manager.
그는 그의 승진을 위해 인사부장님에게 설득력 있게 주장을 폈다.

03 The (   ) of our company make the final approval on everything.
회사는 경영진이 모든 최종 승인을 한다.

04 The interviewer was (   ) that you should leave a strong impression.
면접관은 내게 강한 인상을 남길 것을 강조했다.

05 Only those over 65 are (   ) to get a free subway ticket.
65세가 넘어야 무료 지하철 표를 받을 자격이 있다.

06 All historical events of our firm are arranged in (   ) order.
우리 회사의 모든 역사적 사건들은 연대순으로 정리되어 있다.

07 The success of our firm is (   ) upon your hands
우리 회사의 성공은 여러분의 손에 달려있다.

08 Company security services are in full (   ) 24 hours a day.
회사 보안 서비스는 하루 24시간 가동 된다.

09 The weatherman said we were (   ) to have a rain tomorrow.
기상 캐스터는 내일 비가 올 거라고 말했다.

10 Our president (   ) his life to succeed family occupation.
회장님은 가업을 계승하는 데에 평생을 바쳤다.

01 He is a (   ) person as a (   ).
그는 투자상담사로 믿을만한 사람입니다.

02 He (   ) (   ) for his promotion to the personnel manager.
그는 그의 승진을 위해 인사부장님에게 설득력 있게 주장을 폈다.

03 The (   ) of our company make the (   ) on everything.
회사는 경영진이 모든 최종 승인을 한다.

04 The interviewer was (   ) that you should leave a (   ).
면접관은 내게 강한 인상을 남길 것을 강조했다.

05 Only those over 65 are (   ) to get a free (   ).
65세가 넘어야 무료 지하철 표를 받을 자격이 있다.

06 All (   ) of our firm are arranged in (   ) order.
우리 회사의 모든 역사적 사건들은 연대순으로 정리되어 있다.

07 The success of our firm is (   ) upon your (   ).
우리 회사의 성공은 여러분의 손에 달려있다.

08 Company (   ) are in full (   ) 24 hours a day.
회사 보안 서비스는 하루 24시간 가동 된다.

09 The weatherman said we were (   ) to have a (   ) tomorrow.
기상 캐스터는 내일 비가 올 거라고 말했다.

10 Our president (   ) his life to (   ) family occupation.
회장님은 가업을 계승하는 데에 평생을 바쳤다.

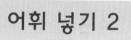

01 그는 투자상담사로 믿을만한 사람입니다.

_____

02 그는 그의 승진을 위해 인사부장님에게 설득력 있게 주장을 폈다.

_____

03 회사는 경영진이 모든 최종 승인을 한다.

_____

04 면접관은 내게 강한 인상을 남길 것을 강조했다.

_____

05 65세가 넘어야 무료 지하철 표를 받을 자격이 있다.

_____

06 우리 회사의 모든 역사적 사건들은 연대순으로 정리되어 있다.

_____

07 우리 회사의 성공은 여러분의 손에 달려있다.

_____

08 회사 보안 서비스는 하루 24시간 가동 된다.

_____

09 기상 캐스터는 내일 비가 올 거라고 말했다.

_____

10 회장님은 가업을 계승하는 데에 평생을 바쳤다.

_____

MEMO

01 unwavering: A, 변함없는, 확고한

The company's commitment to customer services is unwavering.

그 회사의 고객 서비스에 대한 헌신은 변함이 없다.

02 compulsive: A, 충동적인

Our shop does not like compulsive shoppers but steady shoppers.

우리 가게는 충동구매 객 보다 꾸준히 물건을 사주는 고객을 좋아한다.

03 confirmed: A, 확고부동한

We are pleased to inform you that your reservation is confirmed.

귀하의 예약이 확인되었음을 알려드리는 바입니다.

04 unclaimed: A, 주인이 나서지 않는

There are many unclaimed items at the lost-and-found.

분실물센터에는 주인이 나타나지 않는 물건이 많다.

05 stuff: V3, 채워 넣다, 채우다

Shopaholics stuff shopping bags with items to the end.

쇼핑중독자들은 쇼핑백에 물건을 끝까지 채운다.

06 consolidated: A, 통합된, 강화된, 하나로 된

The two companies were consolidated into one.

그 두 회사는 하나로 통합되었다.

07 established: A, 확실히 자리 잡은, 인정받는

Samsung is an established company as the world's best company.

삼성은 세계에서 가장 좋은 회사로 인정받는 회사이다.

08 malign: V3, 중상하다, 모략하다

Some staff malign the personnel manager for the matter of promotion.

일부 직원은 승진문제로 인사부장님을 중상 모략한다.

09 insubordinate: A, 순종하지 않는, 반항하는

Some employees are not insubordinate to their boss.

일부 직원들은 상사에게 순종하지 않는다.

10 succinct: A, 간단명료한, 간결한

Interviewers want interviewees' answers to be succinct.

면접관들은 면접자들의 대답이 간단명료하기를 원한다.

01 The company's commitment to customer services is (   ).
그 회사의 고객 서비스에 대한 헌신은 변함이 없다.

02 Our shop does not like (   ) shoppers but steady shoppers.
우리 가게는 충동구매 객 보다 꾸준히 물건을 사주는 고객을 좋아한다.

03 We are pleased to inform you that your reservation is (   ).
귀하의 예약이 확인되었음을 알려드리는 바입니다.

04 There are many (   ) items at the lost-and-found.
분실물센터에는 주인이 나타나지 않는 물건이 많다.

05 Shopaholics (   ) shopping bags with items to the end.
쇼핑중독자들은 쇼핑백에 물건을 끝까지 채운다.

06 The two companies were (   ) into one.
그 두 회사는 하나로 통합되었다.

07 Samsung is an (   ) company as the world's best company.
삼성은 세계에서 가장 좋은 회사로 인정받는 회사이다.

08 Some staff (   ) the personnel manager for the matter of promotion.
일부 직원은 승진문제로 인사부장님을 중상 모략한다.

09 Some employees are not (   ) to their boss.
일부 직원들은 상사에게 순종하지 않는다.

10 Interviewers want interviewees' answers to be (   ).
면접관들은 면접자들의 대답이 간단명료하기를 원한다.

01 The company's (   ) to customer services is (   ).
그 회사의 고객 서비스에 대한 헌신은 변함이 없다.

02 Our shop does not like (   ) shoppers but (   ) shoppers.
우리 가게는 충동구매 객 보다 꾸준히 물건을 사주는 고객을 좋아한다.

03 We are pleased to inform you that your (   ) is (   ).
귀하의 예약이 확인되었음을 알려드리는 바입니다.

04 There are many (   ) (   ) at the lost-and-found.
분실물센터에는 주인이 나타나지 않는 물건이 많다.

05 Shopaholics (   ) shopping bags with (   ) to the end.
쇼핑중독자들은 쇼핑백에 물건을 끝까지 채운다.

06 The (   ) were (   ) into one.
그 두 회사는 하나로 통합되었다.

07 Samsung is an (   ) company as the world's (   ).
삼성은 세계에서 가장 좋은 회사로 인정받는 회사이다.

08 Some staff (   ) the (   ) for the matter of promotion.
일부 직원은 승진문제로 인사부장님을 중상 모략한다.

09 Some employees are not (   ) to their (   ).
일부 직원들은 상사에게 순종하지 않는다.

10 Interviewers want interviewees' (   )to be (   ).
면접관들은 면접자들의 대답이 간단명료하기를 원한다.

01 그 회사의 고객 서비스에 대한 헌신은 변함이 없다.

_____

02 우리 가게는 충동구매객 보다 꾸준히 물건을 사주는 고객을 좋아한다.

_____

03 귀하의 예약이 확인되었음을 알려드리는 바입니다.

_____

04 분실물센터에는 주인이 나타나지 않는 물건이 많다.

_____

05 쇼핑중독자들은 쇼핑백에 물건을 끝까지 채운다.

_____

06 그 두 회사는 하나로 통합되었다.

_____

07 삼성은 세계에서 가장 좋은 회사로 인정받는 회사이다.

_____

08 일부 직원은 승진문제로 인사부장님을 중상 모략한다.

_____

09 일부 직원들은 상사에게 순종하지 않는다.

_____

10 면접관들은 면접자들의 대답이 간단명료하기를 원한다.

_____

MEMO

01   perishable: A, 잘 상하는, 썩는

Our shop keeps perishable food in the freeze.

우리가게에서는 상하기 쉬운 음식은 냉장고에 보관합니다.

02   comprehensive: A, 포괄적인, 종합적인

We should buy a comprehensive insurance to cover all risks.

모든 위험을 다 커버하기 위해서는 종합보험에 들어야 한다.

03   financial: A, 재정상의, 금융상의

Because of the inflation, our company is in financial crisis.

인플레이션 때문에 우리 회사는 재정적 위기에 처해 있습니다.

04   illegible: A, 읽기 어려운, 판독이 불가능한

The director's handwriting is so illegible that we can't understand it.

그 이사님의 필체는 읽을 수가 없어서 이해를 할 수가 없다.

05   disturbing: A, 반갑지 않은, 귀찮은, 성가신

Excuse me for informing you of disturbing news on your day off.

쉬는 날 반갑지 않은 소식을 전하게 되어 죄송합니다.

06   frequent: A, 잦은, 빈번한

Frequent strikes are damaging our company.

잦은 파업이 우리 회사를 망치고 있다.

07   qualified: A, 자격이 있는, 자격을 갖춘

He is qualified as a marketing manager of our company.

그는 우리 회사의 판매부장 자격이 있다.

08   unstable: A, 불안정한, 급변할 듯한

The economic situation of our company remains unstable.

우리 회사의 경제적 상황은 여전히 불안정하다.

09   preamble: N, (책의)서문, (법령 따위의)전문, (말의)서두

The aims to write this book are stated in its preamble.

이 책을 쓴 목적이 책의 서문에 언급되어 있다.

10   sign out: I, 서명하고 외출 시간을 기록하다, 타임 리코더로 퇴근 시간을 기록하다

Don't forget to sign out when you go out of the company.

외출 시 싸인 하는 거 잊지 마세요.

01   Our shop keeps (   ) food in the freeze.
우리가게에서는 상하기 쉬운 음식은 냉장고에 보관합니다.

02   We should buy a (   ) insurance to cover all risks.
모든 위험을 다 커버하기 위해서는 종합보험에 들어야 한다.

03   Because of the inflation, our company is in (   ) crisis.
인플레이션 때문에 우리 회사는 재정적 위기에 처해 있습니다.

04   The director's handwriting is so (   ) that we can't understand it.
그 이사님의 필체는 읽을 수가 없어서 이해를 할 수가 없다.

05   Excuse me for informing you of (   ) news on your day off.
쉬는 날 반갑지 않은 소식을 전하게 되어 죄송합니다.

06   (   ) strikes are damaging our company.
잦은 파업이 우리 회사를 망치고 있다.

07   He is (   ) as a marketing manager of our company.
그는 우리 회사의 판매부장 자격이 있다.

08   The economic situation of our company remains (   ).
우리 회사의 경제적 상황은 여전히 불안정하다.

09   The aims to write this book are stated in its (   ).
이 책을 쓴 목적이 책의 서문에 언급되어 있다.

10   Don't forget to (   ) when you go out of the company.
외출 시 싸인 하는 거 잊지 마세요.

01   Our shop keeps (   ) food in the (   ).
우리가게에서는 상하기 쉬운 음식은 냉장고에 보관합니다.

02   We should buy a (   ) (   ) to cover all risks.
모든 위험을 다 커버하기 위해서는 종합보험에 들어야 한다.

03   Because of the inflation, our company is in (   ) (   ).
인플레이션 때문에 우리 회사는 재정적 위기에 처해 있습니다.

04   The director's handwriting is so (   ) that we can't (   ) it.
그 이사님의 필체는 읽을 수가 없어서 이해를 할 수가 없다.

05   Excuse me for informing you of (   ) (   ) on your day off.
쉬는 날 반갑지 않은 소식을 전하게 되어 죄송합니다.

06   (   ) (   ) are damaging our company.
잦은 파업이 우리 회사를 망치고 있다.

07   He is (   ) as a (   ) of our company.
그는 우리 회사의 판매부장 자격이 있다.

08   The economic (   ) of our company remains (   ).
우리 회사의 경제적 상황은 여전히 불안정하다.

09   The aims to write this (   ) are stated in its (   ).
이 책을 쓴 목적이 책의 서문에 언급되어 있다.

10   Don't forget to (   ) when you (   ) of the company.
외출 시 싸인 하는 거 잊지 마세요.

01 우리 가게에서는 상하기 쉬운 음식은 냉장고에 보관합니다.

_____

02 모든 위험을 다 커버하기 위해서는 종합보험에 들어야 한다.

_____

03 인플레이션 때문에 우리 회사는 재정적 위기에 처해 있습니다.

_____

04 그 이사님의 필체는 읽을 수가 없어서 이해를 할 수가 없다.

_____

05 쉬는 날 반갑지 않은 소식을 전하게 되어 죄송합니다.

_____

06 잦은 파업이 우리 회사를 망치고 있다.

_____

07 그는 우리 회사의 판매부장 자격이 있다.

_____

08 우리 회사의 경제적 상황은 여전히 불안정하다.

_____

09 이 책을 쓴 목적이 책의 서문에 언급되어 있다.

_____

10 외출 시 싸인 하는 거 잊지 마세요.

_____

MEMO

01   alarming: A, 놀라운, 걱정스러운

The alarming number of travel agencies are established everyday.

놀라운 수의 여행사가 매일 생겨난다.

02   scheduled: A, 예정된, 표에 기입된

Please check in 2 hours before your scheduled flight time.

예정된 비행기 출발 두 시간 전에 탑승 수속을 해주시기 바랍니다.

03   overview: N, 개관, 개요

Our marketing manager gave an overview of the marketing strategy.

영업부장님께서 마케팅 전략에 대한 개요를 설명하셨다.

04   vulnerable: A, 취약한, 연약한, (신체적 · 정서적으로) 상처받기 쉬운

Korean economy is very vulnerable to foreign capital.

한국 경제는 외국 자본에 매우 취약하다.

05   subsequent to: Prep, 다음에, 뒤에

Subsequent to this session, we are going to have a closing ceremony.

이 세션 후 폐회식을 거행할 예정입니다.

06   due: A, 만기인, 예정된

Utility bills are due on 1 every month.

공과금 납부는 매달 1일이 만기이다.

07 unauthorized: A, 공인, 승인 되지 않은

No unauthorized entry allowed.

관계자 외에는 출입을 금합니다.

08 accessible: A, 접근 가능한, 이용 가능한

This document is not accessible to the employees.

이 서류는 직원들은 열람할 수 없습니다.

09 doubtful; A, 의심스런, 불확실한

The sales manager is doubtful about my sales ability.

판매부장님은 나의 판매 능력에 대해 의심스러워한다.

10 superior: A, 우수한, 상급의

Our goods are superior to others in quality.

우리 상품은 다른 것들 보다 우수합니다.

01 The (　　) number of travel agencies are established everyday.
놀라운 수의 여행사가 매일 생겨난다.

02 Please check in 2 hours before your (　　) flight time.
예정된 비행기 출발 두 시간 전에 탑승 수속을 해주시기 바랍니다.

03 Our marketing manager gave an (　　) of the marketing strategy.
영업부장님께서 마케팅 전략에 대한 개요를 설명하셨다.

04 Korean economy is very (　　) to foreign capital.
한국 경제는 외국 자본에 매우 취약하다.

05 (　　) this session, we are going to have a closing ceremony.
이 세션 후 폐회식을 거행할 예정입니다.

06 Utility bills are (　　) on 1 every month.
공과금 납부는 매달 1일이 만기이다.

07 No (　　) entry allowed.
관계자 외에는 출입을 금합니다.

08 This document is not (　　) to the employees.
이 서류는 직원들은 열람할 수 없습니다.

09 The sales manager is (　　) about my sales ability.
판매부장님은 나의 판매 능력에 대해 의심스러워한다.

10 Our goods are (　　) to others in quality.
우리 상품은 다른 것들 보다 우수합니다.

01 The (   ) (   ) of travel agencies are established everyday.
놀라운 수의 여행사가 매일 생겨난다.

02 Please check in 2 hours before your (   ) flight (   ).
예정된 비행기 출발 두 시간 전에 탑승 수속을 해주시기 바랍니다.

03 Our marketing manager gave an (   ) of the (   ).
영업부장님께서 마케팅 전략에 대한 개요를 설명하셨다.

04 (   ) is very (   ) to foreign capital.
한국 경제는 외국 자본에 매우 취약하다.

05 (   ) this (   ), we are going to have a closing ceremony.
이 세션 후 폐회식을 거행할 예정입니다.

06 (   ) are (   ) on 1 every month.
공과금 납부는 매달 1일이 만기이다.

07 No (   ) (   ) allowed.
관계자 외에는 출입을 금합니다.

08 This (   ) is not (   ) to the employees.
이 서류는 직원들은 열람할 수 없습니다.

09 The sales manager is (   ) about my (   ).
판매부장님은 나의 판매 능력에 대해 의심스러워한다.

10 Our goods are (   ) to others in (   ).
우리 상품은 다른 것들 보다 우수합니다.

01 놀라운 수의 여행사가 매일 생겨난다.

02 예정된 비행기 출발 두 시간 전에 탑승 수속을 해주시기 바랍니다.

03 영업부장님께서 마케팅 전략에 대한 개요를 설명하셨다.

04 한국 경제는 외국 자본에 매우 취약하다.

05 이 세션 후 폐회식을 거행할 예정입니다.

06 공과금 납부는 매달 1일이 만기이다.

07 관계자 외에는 출입을 금합니다.

08 이 서류는 직원들은 열람할 수 없습니다.

09 판매부장님은 나의 판매 능력에 대해 의심스러워한다.

10 우리 상품은 다른 것들 보다 우수합니다.

MEMO

어휘 분석

01　harsh: A, 가혹한, 혹독한

The punishment for my absence without leave was very harsh.

나의 무단결근에 대한 처벌들은 매우 가혹했다.

02　valued: A, 소중한, 평가된, 가격이 사정된

Thank you for being our valued customers.

우리의 소중한 고객의 되어 주셔서 감사합니다.

03　stringent: A, 엄격한, 절박한

Singapore is famous for it's stringent law enforcement.

싱가포르는 엄격한 법 집행으로 유명하다.

04　declining: A, 하락하는, 기우는, 쇠퇴하는

The sales revenue of the year has been sharply declining.

올 해의 판매수입은 급격히 감소하고 있다.

05　nervous: A, 불안해하는, 긴장하는, 초조해하는

We are always very nervous before the interview.

인터뷰 전에 우리는 항상 긴장한다.

06　definitive: A, 최종적인, 최고의, 명확한

Customers always want definitive answers to their complaints

고객들은 자기들의 불만에 대해 명확한 답을 원한다.

07   grateful: A, 고마워하는, 감사하는

We are very grateful for the support you've provided last year.

지난해 저희에게 베풀어 주신 성원에 감사드립니다.

08   secure: A, 안전한, 확신한

Only if you enter a large company you can get secure income.

대기업에 들어가야만 안전한 수입을 보장 받을 수 있다.

09   unique: A, 유일무이한, 독특한

Using our fingerprints are unique, our company made a fingerprint lock.

우리의 지문이 유일무이하다는 것을 이용하여 지문인식 도어락을 만들었다.

10   routine: A, 틀에 박힌, 정례적인

The fault of the items was discovered during the routine check.

제품들의 결함은 정기 점검 때 발견되었다.

01 The punishment for my absence without leave was very (　　).
나의 무단결근에 대한 처벌들은 매우 가혹했다.

02 Thank you for being our (　　) customers.
우리의 소중한 고객의 되어 주셔서 감사합니다.

03 Singapore is famous for it's (　　) law enforcement.
싱가포르는 엄격한 법 집행으로 유명하다.

04 The sales revenue of the year has been sharply (　　).
올 해의 판매수입은 급격히 감소하고 있다.

05 We are always very (　　) before the interview.
인터뷰 전에 우리는 항상 긴장한다.

06 Customers always want (　　) answers to their complaints
고객들은 자기들의 불만에 대해 명확한 답을 원한다.

07 We are very (　　) for the support you've provided last year.
지난해 저희에게 베풀어 주신 성원에 감사드립니다.

08 Only if you enter a large company you can get (　　) income.
대기업에 들어가야만 안전한 수입을 보장 받을 수 있다.

09 Using our fingerprints are (　　), our company made a fingerprint lock.
우리의 지문이 유일무이하다는 것을 이용하여 지문인식 도어락을 만들었다.

10 The fault of the items was discovered during the (　　) check.
제품들의 결함은 정기 점검 때 발견되었다.

01   The (   ) for my absence without leave was very (   ).
　　　나의 무단결근에 대한 처벌들은 매우 가혹했다.

02   Thank you for being our (   ) (   ).
　　　우리의 소중한 고객의 되어 주셔서 감사합니다.

03   Singapore is famous for it's (   ) law (   ).
　　　싱가포르는 엄격한 법 집행으로 유명하다.

04   The sales (   ) of the year has been sharply (   ).
　　　올 해의 판매수입은 급격히 감소하고 있다.

05   We are always very (   ) before the (   ).
　　　인터뷰 전에 우리는 항상 긴장한다.

06   Customers always want (   ) (   ) to their complaints
　　　고객들은 자기들의 불만에 대해 명확한 답을 원한다.

07   We are very (   ) for the (   ) you have provided last year.
　　　지난해 저희에게 베풀어 주신 성원에 감사드립니다.

08   Only if you enter a large company you can get (   ) (   ).
　　　대기업에 들어가야만 안전한 수입을 보장 받을 수 있다.

09   Using our (   ) are (   ), our company made a fingerprint lock.
　　　우리의 지문이 유일무이하다는 것을 이용하여 지문인식 도어락을 만들었다.

10   The fault of the items was discovered during the (   ) (   ).
　　　제품들의 결함은 정기 점검 때 발견되었다.

01 나의 무단결근에 대한 처벌들은 매우 가혹했다.

_____

02 우리의 소중한 고객의 되어 주셔서 감사합니다.

_____

03 싱가포르는 엄격한 법 집행으로 유명하다.

_____

04 올 해의 판매수입은 급격히 감소하고 있다.

_____

05 인터뷰 전에 우리는 항상 긴장한다.

_____

06 고객들은 자기들의 불만에 대해 명확한 답을 원한다.

_____

07 지난해 저희에게 베풀어 주신 성원에 감사드립니다.

_____

08 대기업에 들어가야만 안전한 수입을 보장 받을 수 있다.

_____

09 우리의 지문이 유일무이하다는 것을 이용하여 지문인식 도어락을 만들었다.

_____

10 제품들의 결함은 정기 점검 때 발견되었다.

_____

MEMO

어휘 분석

01 **inadequate**: A, 부적당한, 불충분한

Our production is inadequate to meet the customer demand.

우리 회사의 생산량은 고객의 수요를 감당하기에는 불충분하다.

02 **lengthy**: A, 긴, 장황한, 지루한

Our manager's explanations are always too lengthy.

우리 팀장님의 설명은 언제나 너무 길다.

03 **innovative**: A, 혁신적인, 획기적인

Our fingerprint lock is a very innovative door lock.

우리 회사의 지문인식 도어락은 정말 혁신적인 도어락이다.

04 **extensive**: A, 광범위한, 대규모의

The menu of our restaurant is very extensive.

우리 식당의 메뉴는 대단히 다양합니다.

05 **performance**: N, 수행, 성과, 실적

The president criticized the poor performance of the year.

회장님은 올 해의 부진한 근무실적을 비난했다.

06 **arbitration**: N, 중재

Both sides of the labor and management agreed to go to arbitration.

노사 양측은 중재로 가기로 합의했다.

07   outstanding: A, (보수, 업무, 문제 등이) 아직 처리되지 않은, 미지불된, 미해결된

The outstanding debt of our company is still 500 million won.

우리 회사가 아직 갚지 못한 빚이 아직 5억 원이나 된다.

08   come up with: I, (해답 · 돈 등을) 찾아내다, 내놓다

A newcomer came up with a new idea to increase sales

한 신입직원이 판매를 증가시킬 수 있는 새로운 아이디어를 냈다.

09   convene: V3, (회의 등을) 소집하다

A board of directors was convened after the sharp drop of stock prices.

주가 급락 후 이사회가 소집되었다.

10   resignation: N, 사직, 사직서

He handed in a resignation letter in spite of no fault of his.

그의 잘못이 아님에도 그가 사표를 냈다.

01   Our production is (　　　) to meet the customer demand.
우리 회사의 생산량은 고객의 수요를 감당하기에는 불충분하다.

02   Our manager's explanations are always too (　　　).
우리 팀장님의 설명은 언제나 너무 길다.

03   Our fingerprint lock is a very (　　　) door lock.
우리 회사의 지문인식 도어락은 정말 혁신적인 도어락이다.

04   The menu of our restaurant is very (　　　)
우리 식당의 메뉴는 대단히 다양합니다.

05   The president criticized the poor (　　　) of the year.
회장님은 올 해의 부진한 근무실적을 비난했다.

06   Both sides of the labor and management agreed to go to (　　　).
노사 양측은 중재로 가기로 합의했다.

07   The (　　　) debt of our company is still 500 million won.
우리 회사가 아직 갚지 못한 빚이 아직 5억 원이나 된다.

08   A newcomer (　　　) a new idea to increase sales
한 신입직원이 판매를 증가시킬 수 있는 새로운 아이디어를 냈다.

09   A board of directors was (　　　) after the sharp drop of stock prices.
주가 급락 후 이사회가 소집되었다.

10   He handed in a (　　　) letter in spite of no fault of his.
그의 잘못이 아님에도 그가 사표를 냈다.

01 Our ( ) is ( ) to meet the customer demand.
우리 회사의 생산량은 고객의 수요를 감당하기에는 불충분하다.

02 Our manager's ( ) are always too ( ).
우리 팀장님의 설명은 언제나 너무 길다.

03 Our fingerprint lock is a very ( ) ( ).
우리 회사의 지문인식 도어락은 정말 혁신적인 도어락이다.

04 The ( ) of our restaurant is very ( )
우리 식당의 메뉴는 대단히 다양합니다.

05 The president criticized the ( ) ( ) of the year.
회장님은 올 해의 부진한 근무실적을 비난했다.

06 Both sides of the labor and management ( ) to go to ( ).
노사 양측은 중재로 가기로 합의했다.

07 The ( ) ( ) of our company is still 500 million won.
우리 회사가 아직 갚지 못한 빚이 아직 5억 원이나 된다.

08 A newcomer ( ) a ( ) to increase sales
한 신입직원이 판매를 증가시킬 수 있는 새로운 아이디어를 냈다.

09 A ( ) was ( ) after the sharp drop of stock prices.
주가 급락 후 이사회가 소집되었다.

10 He ( ) a ( ) letter in spite of no fault of his.
그의 잘못이 아님에도 그가 사표를 냈다.

01 우리 회사의 생산량은 고객의 수요를 감당하기에는 불충분하다.

_____

02 우리 팀장님의 설명은 언제나 너무 길다.

_____

03 우리 회사의 지문인식 도어락은 정말 혁신적인 도어락이다.

_____

04 우리 식당의 메뉴는 대단히 다양합니다.

_____

05 회장님은 올 해의 부진한 근무실적을 비난했다.

_____

06 노사 양측은 중재로 가기로 합의했다.

_____

07 우리 회사가 아직 갚지 못한 빚이 아직 5억 원이나 된다.

_____

08 한 신입직원이 판매를 증가시킬 수 있는 새로운 아이디어를 냈다.

_____

09 주가 급락 후 이사회가 소집되었다.

_____

10 그의 잘못이 아님에도 그가 사표를 냈다.

_____

MEMO

어휘 분석

01 utilization: N, 이용, 활용

The personnel manager's job is the effective utilization of human resources.

인사과장의 할 일은 사내 인적자원의 효과적 활용이다.

02 delegation: N, 대표단

We went to the head office as a delegation to our branch office.

우리는 우리 지점의 대표단으로 본사에 갔다.

03 confirmation: N, 확인, 확인서

The hotel denied unofficial confirmation of his reservation.

그 호텔은 그의 예약에 대한 비공식 확인을 거부했다.

04 adjourn: V3, (재판·회의 등을) 중단하다, 휴정하다, 휴회하다

The stockholder's meeting adjourned for lunch.

주주총회는 점심식사로 중단되었다.

05 incorporate: V3, (일부로) 포함시키다

We have incorporated service charges into the bill.

봉사료는 계산에 포함시켰습니다.

06 neutrality: N, 중립, 중립성

Companies should maintain political neutrality for their benefit.

기업은 이익을 위해서 정치적으로 중립을 지켜야 한다.

07   defer: V3, 미루다, 연기하다

The company deferred its announcement of those accepted tomorrow.

회사는 합격자 발표를 내일로 미뤘다.

08   complete: V3, (서식을 빠짐없이) 기입하다, 작성하다, 완료하다

1,000 shoppers completed our questionnaires.

1,000명의 손님들이 우리 설문지를 작성해 주셨다.

09   persuasive: A, 설득력 있는

Not a single part of your new product presentation was persuasive.

당신의 신제품 발표회의 단 한부분도 설득력이 없었다.

10   compelling: A, 설득력 있는, 주목받을만한

His explanation on the salary reduction was never compelling.

봉급 삭감에 대한 그의 설명은 결코 설득력이 없었다.

01   The personnel manager's job is the effective (   ) of human resources.
인사과장의 할 일은 사내 인적자원의 효과적 활용이다.

02   We went to the head office as a (   ) to our branch office.
우리는 우리 지점의 대표단으로 본사에 갔다.

03   The hotel denied unofficial (   ) of his reservation.
그 호텔은 그의 예약에 대한 비공식 확인을 거부했다.

04   The stockholder's meeting (   ) for lunch.
주주총회는 점심식사로 중단되었다.

05   We have (   ) service charges into the bill.
봉사료는 계산에 포함시켰습니다.

06   Companies should maintain political (   ) for their benefit.
기업은 이익을 위해서 정치적으로 중립을 지켜야 한다.

07   The company (   ) its announcement of those accepted tomorrow.
회사는 합격자 발표를 내일로 미뤘다.

08   1,000 shoppers (   ) our questionnaires.
1,000명의 손님들이 우리 설문지를 작성해 주셨다.

09   Not a single part of your products presentation was (   ).
당신의 신제품 발표회의 단 한부분도 설득력이 없었다.

10   His explanation on the salary reduction was never (   )
봉급 삭감에 대한 그의 설명은 결코 설득력이 없었다.

01 The personnel manager's job is the (   ) (   ) of human resources.
인사과장의 할 일은 사내 인적자원의 효과적 활용이다.

02 We went to the head office as a (   ) to our (   ).
우리는 우리 지점의 대표단으로 본사에 갔다.

03 The hotel denied unofficial (   ) of his (   ).
그 호텔은 그의 예약에 대한 비공식 확인을 거부했다.

04 The stockholder's meeting (   ) for (   ).
주주총회는 점심식사로 중단되었다.

05 We have (   ) (   ) into the bill.
봉사료는 계산에 포함시켰습니다.

06 Companies should maintain (   ) (   ) for their benefit.
기업은 이익을 위해서 정치적으로 중립을 지켜야 한다.

07 The company (   ) its (   ) of those accepted tomorrow.
회사는 합격자 발표를 내일로 미뤘다.

08 1,000 shoppers (   ) our (   ).
1,000명의 손님들이 우리 설문지를 작성해 주셨다.

09 Not a single part of your new product (   ) was (   ).
당신의 신제품 발표회의 단 한부분도 설득력이 없었다.

10 His (   ) on the salary reduction was never (   )
봉급 삭감에 대한 그의 설명은 결코 설득력이 없었다.

01 인사과장의 할 일은 사내 인적자원의 효과적 활용이다.

02 우리는 우리 지점의 대표단으로 본사에 갔다.

03 그 호텔은 그의 예약에 대한 비공식 확인을 거부했다.

04 주주총회는 점심식사로 중단되었다.

05 봉사료는 계산에 포함시켰습니다.

06 기업은 이익을 위해서 정치적으로 중립을 지켜야 한다.

07 회사는 합격자 발표를 내일로 미뤘다.

08 1,000명의 손님들이 우리 설문지를 작성해 주셨다.

09 당신의 신제품 발표회의 단 한부분도 설득력이 없었다.

10 봉급 삭감에 대한 그의 설명은 결코 설득력이 없었다.

MEMO

어휘 분석

01 nominal: A, 명목상의, 얼마 안 되는

He is only the nominal president of our company.

그는 우리 회사의 명목상 회장일 뿐이다.

02 collective: A, 집단의, 단체의

The company bankruptcy is the collective responsibility of us all.

회사 부도는 직원 모두의 집단 책임이다.

03 seasonal: A, 계절적인, 계절에 따라 다른

The Christmas sale is a biggest seasonal event of the year.

크리스마스 세일이 올 해에서 가장 큰 계절 행사이다.

04 operational: A, 가동하는, 운용하는, 운영하는

Our new air conditioner will be operational this summer.

우리의 새 에어컨은 이번 여름에 가동될 예정입니다.

05 transferable: A, 양도 할 수 있는

As you may know, airplane tickets not transferable.

아시다시피 비행기 표는 양도가 안 됩니다.

06 expansive: A, 포괄적인, 광범위한

Our company needs a more expansive reform to avoid bankruptcy.

우리 회사가 파산을 면하기 위해서는 광범위한 개혁이 필요하다.

TOEIC Vocabulary --------------------------------

07   wrap up: I, (합의·회의 등을) 마무리 짓다

It's time to wrap up and go home.

마무리 하고 퇴근 할 때가 됐군요.

08   up in the air: I, 아직 미정인

Our opening an America branch is still up in the air.

미국 지점 개설은 아직 미정이다.

09   consistently: Ad, 계속해서

Our company consistently picks up career employees.

우리 회사는 계속해서 경력 직원만을 선발합니다.

10   knowingly: Ad, 알면서도, 고의로

It is against the law to hire illegal workers knowingly.

알면서도 불법 노동자들을 고용하는 것은 불법이다.

01   He is only the (   ) president of our company.
그는 우리 회사의 명목상 회장일 뿐이다

02   The company bankruptcy is the (   ) responsibility of us all.
회사 부도는 직원 모두의 집단 책임이다.

03   The Christmas sale is a biggest (   ) event of the year.
크리스마스 세일이 올 해에서 가장 큰 계절 행사이다.

04   Our new air conditioner will be (   ) this summer.
우리의 새 에어컨은 이번 여름에 가동될 예정입니다.

05   As you may know, airplane tickets are not (   ).
아시다시피 비행기 표는 양도가 안 됩니다.

06   Our company needs a more (   )reform to avoid bankruptcy.
우리 회사가 파산을 면하기 위해서는 광범위한 개혁이 필요하다.

07   It's time to (   ) and go home.
마무리 하고 퇴근 할 때가 됐군요.

08   Our opening an America branch is still (   ).
미국 지점 개설은 아직 미정이다.

09   Our company (   ) picks up career employees.
우리 회사는 계속해서 경력 직원만을 선발합니다.

10   knowingly: Ad, 알면서도, 고의로
It is against the law to hire illegal workers (   ).

01   He is only the (   ) (   ) of our company.
그는 우리 회사의 명목상 회장일 뿐이다

02   The company bankruptcy is the (   ) (   ) of us all.
회사 부도는 직원 모두의 집단 책임이다.

03   The Christmas sale is a biggest (   ) (   ) of the year.
크리스마스 세일이 올 해에서 가장 큰 계절 행사이다.

04   Our new (   ) will be (   ) this summer.
우리의 새 에어컨은 이번 여름에 가동될 예정입니다.

05   As you may know, (   ) are not (   ).
아시다시피 비행기 표는 양도가 안 됩니다.

06   Our company needs a more (   ) (   ) to avoid bankruptcy.
우리 회사가 파산을 면하기 위해서는 광범위한 개혁이 필요하다.

07   It's time to (   ) and (   ).
마무리 하고 퇴근 할 때가 됐군요.

08   Our (   ) an America branch is still (   ).
미국 지점 개설은 아직 미정이다.

09   Our company (   ) (   ) career employees.
우리 회사는 계속해서 경력 직원만을 선발합니다.

10   It is against the law to (   ) illegal workers (   ).
알면서도 불법 노동자들을 고용하는 것은 불법이다.

01 그는 우리 회사의 명목상 회장일 뿐이다.

02 회사 부도는 직원 모두의 집단 책임이다.

03 크리스마스 세일이 올 해에서 가장 큰 계절 행사이다.

04 우리의 새 에어컨은 이번 여름에 가동될 예정입니다.

05 아시다시피 비행기 표는 양도가 안 됩니다.

06 우리 회사가 파산을 면하기 위해서는 광범위한 개혁이 필요하다.

07 마무리 하고 퇴근 할 때가 됐군요.

08 미국 지점 개설은 아직 미정이다.

09 우리 회사는 계속해서 경력 직원만을 선발합니다.

10 알면서도 불법 노동자들을 고용하는 것은 불법이다.

MEMO

01 normally: Ad, 정상적으로, 일반적으로는, 보통은

The air conditioner in the staff lounge does not work normally.

직원 휴게실 에어컨이 정상적으로 작동하지 않는다.

02 securely: Ad, 확실하게, 단단하게, 안전하게

Wrap it up in paper and tie it securely with a string and send it by parcel post.

종이로 싸서 끈으로 단단하게 묶어서 소포로 보내세요.

03 locally: Ad, 지역에서, 국내에서

Daejangkeum is more popular overseas than locally.

대장금은 국내에서 보다 해외에서 더 유명하다.

04 standing: N, (단체 · 조직 내에서의) 지위

My current standing is the assistant manager of the personnel department.

내 현직은 인사과 대리다.

05 consensus: N, 의견일치, 합의

We had a consensus that the corrupt president should resign immediately.

부패한 회장은 즉시 물러나야 한다는 데에 의견의 일치를 보았다

06 reshuffle: V3, (조직을) 개편하다, (특히 정부에서) 개각하다

Today the president has reshuffle the company.

회장님은 오늘 회사의 조직 개편을 단행하셨다.

07   clarification: N, 설명, 해명, 정화

We are providing the formal clarification to customers directly.

고객님들께 직접 공식적으로 해명하는 바입니다.

08   incentive: N, (어떤 행동을 장려하기 위한) 장려책, 우대책

When we choose a job, salary and incentives are the most important things.

직장을 고를 때는 연봉과 인센티브가 가장 중요하다.

09   likelihood: N, 가능성, 공산

There is no likelihood for me to be the CEO of this company.

내가 이 회사의 사장이 될 가능성은 없다.

10   allowance: N, 용돈, 허용량

We should keep the free baggage allowance of 20 kilos.

20킬로그램인 무료 수하물 허용 중량은 지켜야한다.

01 The air conditioner in the staff lounge does not work (   ).
직원 휴게실 에어컨이 정상적으로 작동하지 않는다.

02 Wrap it up in paper and tie it (   ) with a string and send it by parcel post.
종이로 싸서 끈으로 단단하게 묶어서 소포로 보내세요.

03 Daejangkeum is more popular overseas than (   ).
대장금은 국내에서 보다 해외에서 더 유명하다.

04 My current (   ) is the assistant manager of the personnel department.
내 현직은 인사과 대리다.

05 We had a (   ) that the corrupt president should resign immediately.
부패한 회장은 즉시 물러나야 한다는 데에 의견의 일치를 보았다

06 Today the president has (   ) the company.
회장님은 오늘 회사의 조직 개편을 단행하셨다.

07 We are providing the formal (   ) to customers directly.
고객님들께 직접 공식적으로 해명하는 바입니다.

08 When we choose a job, salary and (   ) are the most important things.
직장을 고를 때는 연봉과 인센티브가 가장 중요하다.

09 There is no (   ) for me to be the CEO of this company.
내가 이 회사의 사장이 될 가능성은 없다.

10 We should keep the free baggage (   ) of 20 kilos.
20킬로그램인 무료 수하물 허용 중량은 지켜야한다.

 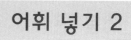
01   The air conditioner in the staff lounge does not (   ) (   ).
      직원 휴게실 에어컨이 정상적으로 작동하지 않는다.

02   Wrap it up in paper and (   ) it (   ) with a string and send it by parcel post.
      종이로 싸서 끈으로 단단하게 묶어서 소포로 보내세요.

03   Daejangkeum is more popular (   ) than (   ).
      대장금은 국내에서 보다 해외에서 더 유명하다.

04   My current (   ) is the (   ) of the personnel department.
      내 현직은 인사과 대리다.

05   We had a (   ) that the corrupt president should (   ) immediately.
      부패한 회장은 즉시 물러나야 한다는 데에 의견의 일치를 보았다

06   Today the president has (   ) the (   ).
      회장님은 오늘 회사의 조직 개편을 단행하셨다.

07   We are providing the (   ) (   ) to customers directly.
      고객님들께 직접 공식적으로 해명하는 바입니다.

08   When we choose a job, salary and (   ) are the (   ).
      직장을 고를 때는 연봉과 인센티브가 가장 중요하다.

09   There is no (   ) for me to be the (   ) of this company.
      내가 이 회사의 사장이 될 가능성은 없다.

10   We should keep the free baggage (   ) of (   ).
      20킬로그램인 무료 수하물 허용 중량은 지켜야한다.

01 직원 휴게실 에어컨이 정상적으로 작동하지 않는다.

_____

02 종이로 싸서 끈으로 단단하게 묶어서 소포로 보내세요.

_____

03 대장금은 국내에서 보다 해외에서 더 유명하다.

_____

04 내 현직은 인사과 대리다.

_____

05 부패한 회장은 즉시 물러나야 한다는 데에 의견의 일치를 보았다.

_____

06 회장님은 오늘 회사의 조직 개편을 단행하셨다.

_____

07 고객님들께 직접 공식적으로 해명하는 바입니다.

_____

08 직장을 고를 때는 연봉과 인센티브가 가장 중요하다.

_____

09 내가 이 회사의 사장이 될 가능성은 없다.

_____

10 20킬로그램인 무료 수하물 허용 중량은 지켜야한다.

_____

MEMO

어휘 분석

01 revision: N, 개정, 수정

It is said that we need a revision of the constitution.

헌법 개정이 필요하다고들 말한다.

02 objective: N, 목적, 목표

Our company is very happy to achieve this year's objective.

우리 회사는 올 해 목표를 이룬 것에 대해 매우 기뻐한다.

03 asset: N, 자산, 재산

Our president's assets are some company stocks and an apartment.

우리 회장님의 재산은 약간의 회사 주식과 아파트 한 채가 있다.

04 commerce: N, 상업, 통상, 무역

Fifty percent of the workers in Korea are engaged in commerce.

한국의 노동자들의 50%가 상업에 종사하고 있다.

05 constraint: N, 구속, 제약, 통제

This pay raise will impose serious constraints on the company.

이번 봉급인상은 회사에 심각한 제약을 주게 될 것이다.

06 agenda: N, 의제, 회의안건

The first on the agenda today is our poor sales results.

오늘 첫 번째 회의안건은 부진한 판매실적입니다.

07 material: N, 재료, 자료

Our company produces its own training material directly.

우리 회사에서는 교육 자료를 직접 만듭니다.

08 precaution: N, 예방조치, 예방수단

You must take all precautions to save the company from bankruptcy.

회사를 부도로 부터 구하려면 모든 예방조치를 취해야 한다.

09 reference: N, 추천인, 추천서

My previous boss will act as a reference for me.

저의 이전 상관이 저의 추천인이 되어 주실 겁니다.

10 succeed to: I, (작위 · 재산 등을) 물려받다, 승계하다

The current president succeeded to the position after the former resigned.

현 회장님은 전 회장님이 돌아가신 후 그 자리를 물려받았다.

01 It is said that we need a (   ) of the constitution.
헌법 개정이 필요하다고들 말한다.

02 Our company is very happy to achieve this year's (   ).
우리 회사는 올 해 목표를 이룬 것에 대해 매우 기뻐한다.

03 Our president's (   ) are some company stocks and an apartment.
우리 회장님의 재산은 약간의 회사 주식과 아파트 한 채가 있다.

04 Fifty percent of the workers in Korea are engaged in (   ).
한국의 노동자들의 50%가 상업에 종사하고 있다.

05 This pay raise will impose serious (   ) on the company.
이번 봉급인상은 회사에 심각한 제약을 주게 될 것이다.

06 The first on the (   ) today is our poor sales results.
오늘 첫 번째 회의안건은 부진한 판매실적입니다.

07 Our company produces its own training (   ) directly.
우리 회사에서는 교육 자료를 직접 만듭니다.

08 You must take all (   ) to save the company from bankruptcy
회사를 부도로 부터 구하려면 모든 예방조치를 취해야 한다.

09 My previous boss will act as a (   ) for me.
저의 이전 상관이 저의 추천인이 되어 주실 겁니다.

10 The current president (   ) the position after the former resigned.
현 회장님은 전 회장님이 돌아가신 후 그 자리를 물려받았다.

01   It is said that we need a (　　　) of the (　　　).
      헌법 개정이 필요하다고들 말한다.

02   Our company is very happy to (　　　) this year's (　　　).
      우리 회사는 올 해 목표를 이룬 것에 대해 매우 기뻐한다.

03   Our president's (　　　) are some company (　　　) and an (　　　).
      우리 회장님의 재산은 약간의 회사 주식과 아파트 한 채가 있다.

04   (　　　) of the workers in Korea are engaged in (　　　).
      한국의 노동자들의 50%가 상업에 종사하고 있다.

05   This (　　　) will impose serious (　　　) on the company.
      이번 봉급인상은 회사에 심각한 제약을 주게 될 것이다.

06   The (　　) on the (　　　) today is our poor sales results.
      오늘 첫 번째 회의안건은 부진한 판매실적입니다.

07   Our company (　　　) its own training (　　　) directly.
      우리 회사에서는 교육 자료를 직접 만듭니다.

08   You must take all (　　　) to save the company from (　　　).
      회사를 부도로 부터 구하려면 모든 예방조치를 취해야 한다.

09   My previous (　　　) will act as a (　　　) for me.
      저의 이전 상관이 저의 추천인이 되어 주실 겁니다.

10   The current president (　　　) the (　　　) after the former resigned.
      현 회장님은 전 회장님이 돌아가신 후 그 자리를 물려받았다.

01 헌법 개정이 필요하다고들 말한다.

02 우리 회사는 올 해 목표를 이룬 것에 대해 매우 기뻐한다.

03 우리 회장님의 재산은 약간의 회사 주식과 아파트 한 채가 있다.

04 한국의 노동자들의 50%가 상업에 종사하고 있다.

05 이번 봉급인상은 회사에 심각한 제약을 주게 될 것이다.

06 오늘 첫 번째 회의안건은 부진한 판매실적입니다.

07 우리 회사에서는 교육 자료를 직접 만듭니다.

08 회사를 부도로 부터 구하려면 모든 예방조치를 취해야 한다.

09 저의 이전 상관이 저의 추천인이 되어 주실 겁니다.

10 현 회장님은 전 회장님이 돌아가신 후 그 자리를 물려받았다.

MEMO

어휘 분석

01 spending: N, 지출, 소비

Thanks to credit cards, the domestic spending is increasing now.

신용카드 덕분에 지금 국내 소비가 증가하고 있다.

02 provision: N, 준비, 대비

We should make provision for our company's rainy days.

회사가 잘못될 것에 대비를 해야 한다.

03 take on: I, 떠맡다, 고용하다

I can't take on any work more since my hands are full.

손이 없어 더 이상 일을 맡을 수가 없네요.

04 fit: V3, 맞다, 어울리다

His new company uniform does not fit him well.

그의 새 회사 유니폼은 그에게 잘 맞지 않는다.

05 mount: V3, 올라가다

He mounted the platform and addressed the personnel.

그는 연단에 올라가 전 직원에게 연설을 했다.

06 illustrate: V3, (실례나, 도해로) 보여주다

The illegal entry illustrates the need for better door lock.

그 불법침입 사건은 더 나은 도어락의 필요성을 실례로 보여주고 있다.

07   brief: V3, (대비를 할 수 있도록) -에게 알려주다, 보고하다

The sales manager briefed the president on what we would sell today.
판매부장께서 우리가 오늘 팔 것에 대해 사장님께 (간략하게) 보고하셨다.

08   schedule: V3, 일정을 잡다, 계획을 잡다

The department meeting is scheduled for Monday morning.
부서 회의는 월요일 아침으로 잡혀 있다.

09   matinee: N, 오후 공연

The Sunday matinee begins at 2 PM.
일요일 오후 공연은 2시에 시작합니다.

10   authorize: V3, 권한을 부여하다

The manager have authorized me to act for him while he was away.
팀장님은 나에게 그가 없는 동안 그를 대신할 권한을 주었다.

01 Thanks to credit cards, the domestic (　　) is increasing now.
신용카드 덕분에 지금 국내 소비가 증가하고 있다.

02 We should make (　　) for our company's rainy days.
회사가 잘못될 것에 대비를 해야 한다.

03 I can't (　　) any work more since my hands are full.
손이 없어 더 이상 일을 맡을 수가 없네요.

04 His new company uniform does not (　　) him well.
그의 새 회사 유니폼은 그에게 잘 맞지 않는다.

05 He (　　) the platform and addressed the personnel.
그는 연단에 올라가 전 직원에게 연설을 했다.

06 The illegal entry (　　) the need for better door lock.
그 불법침입 사건은 더 나은 도어락의 필요성을 실례로 보여주고 있다.

07 The sales manager (　　) the president on what we would sell today.
판매부장께서 우리가 오늘 팔 것에 대해 사장님께 (간략하게) 보고하셨다.

08 The department meeting is (　　) for Monday morning.
부서 회의는 월요일 아침으로 잡혀 있다.

09 The Sunday (　　) begins at 2 PM.
일요일 오후 공연은 2시에 시작합니다.

10 The manager have (　　) me to act for him while he was away.
팀장님은 나에게 그가 없는 동안 그를 대신할 권한을 주었다.

01 Thanks to credit cards, the domestic (   ) is (   ) now.
신용카드 덕분에 지금 국내 소비가 증가하고 있다.

02 We should make (   ) for our company's (   ).
회사가 잘못될 것에 대비를 해야 한다.

03 I can't (   ) any (   ) more since my hands are full.
손이 없어 더 이상 일을 맡을 수가 없네요.

04 His new company uniform does not (   ) (   ) well.
그의 새 회사 유니폼은 그에게 잘 맞지 않는다.

05 He (   ) the (   ) and addressed the personnel.
그는 연단에 올라가 전 직원에게 연설을 했다.

06 The illegal entry (   ) the (   ) for better door lock.
그 불법침입 사건은 더 나은 도어락의 필요성을 실례로 보여주고 있다.

07 The sales manager (   ) the president on (   ) today.
판매부장께서 우리가 오늘 팔 것에 대해 사장님께 (간략하게) 보고하셨다.

08 The department meeting is (   ) for (   ).
부서 회의는 월요일 아침으로 잡혀 있다.

09 The Sunday (   ) begins at (   ) PM.
일요일 오후 공연은 2시에 시작합니다.

10 The manager have (   ) me to (   ) while he was away.
팀장님은 나에게 그가 없는 동안 그를 대신할 권한을 주었다.

01 신용카드 덕분에 지금 국내 소비가 증가하고 있다.

_____

02 회사가 잘못될 것에 대비를 해야 한다.

_____

03 손이 없어 더 이상 일을 맡을 수가 없네요.

_____

04 그의 새 회사 유니폼은 그에게 잘 맞지 않는다.

_____

05 그는 연단에 올라가 전 직원에게 연설을 했다.

_____

06 그 불법침입 사건은 더 나은 도어락의 필요성을 실례로 보여주고 있다.

_____

07 판매부장께서 우리가 오늘 팔 것에 대해 사장님께 (간략하게) 보고하셨다.

_____

08 부서 회의는 월요일 아침으로 잡혀 있다.

_____

09 일요일 오후 공연은 2시에 시작합니다.

_____

10 팀장님은 나에게 그가 없는 동안 그를 대신할 권한을 주었다.

_____

TOEIC Vocabulary --------------------------------

MEMO

01   emerge: V1, 부상하다, 모습을 드러내다

The director emerged as a key figure in our company.

그 이사님이 우리 회사의 핵심 인물로 부상했다.

02   solicit: V3, 간청하다, 요청하다

I did not solicit a leave, I was asked to take it.

휴가를 내가 간청 한 게 아니고, 가라고 간청을 받은 것이다.

03   comply: V1, 준수하다, 따르다

We should comply with the leave regulation of the company.

우리는 회사의 휴가 규정을 따라야 한다.

04   shrink: V1, 오그라들다, 줄다

The market for our products is shrinking gradually.

우리 상품의 판매시장이 점점 줄어들고 있다.

05   condense: V3, 요약하다, 농축시키다, 응축시키다

The manager asked me to condense the ad copy into just half page.

팀장님은 광고문을 단 반 페이지로 줄이라고 하셨다.

06   bear: V3, 몸에 지니다, 견디다

Any car not bearing a parking permit is not allowed to park here.

주차증이 부착되지 아니한 차량은 여기에 주차할 수 없다.

07　apply: V1, 적용하다, 지원하다

We applied the new technology to our products.

우리는 그 신기술을 우리 제품에 적용했다.

08　detach: V3, 분리하다, 떼어내다

Detach and bring the coupon, and show it to us to get a discount.

할인 받으려면 쿠폰을 떼어 가져오셔서 보여 주세요.

09　gauge: V3, (특히 남의 기분·태도를) 판단하다, 알아내다, 측정하다

He interviewed employees to gauge the reaction to the restructuring.

그는 구조조정에 대한 반응을 알아보기 위해 직원들을 면담했다.

10　lease: V3, 임대하다, 임차하다, 대여하다

Our company leases all our computer equipment from Samsung.

우리는 우리의 모든 컴퓨터 장비를 삼성서 임대해서 쓴다.

01   The director (　　　　)as a key figure in our company.
그 이사님이 우리 회사의 핵심 인물로 부상했다.

02   I did not (　　　　) a leave, I was asked to take it.
휴가를 내가 간청 한 게 아니고, 가라고 간청을 받은 것이다.

03   We should (　　　　) with the leave regulation of the company.
우리는 회사의 휴가 규정을 따라야 한다.

04   The market for our products is (　　　　) gradually.
우리 상품의 판매시장이 점점 줄어들고 있다.

05   The manager asked me to (　　　　) the ad copy into just half page.
팀장님은 광고문을 단 반 페이지로 줄이라고 하셨다.

06   Any car not (　　　　) a parking permit is not allowed to park here.
주차증이 부착되지 아니한 차량은 여기에 주차할 수 없다.

07   We (　　　　) the new technology to our products.
우리는 그 신기술을 우리 제품에 적용했다.

08   (　　　　) and bring the coupon, and show it to us to get a discount.
할인 받으려면 쿠폰을 떼어 가져오셔서 보여 주세요.

09   He interviewed employees to (　　　　) the reaction to the restructuring.
그는 구조조정에 대한 반응을 알아보기 위해 직원들을 면담했다

10   Our company (　　　　) all our computer equipment from Samsung.
우리는 우리의 모든 컴퓨터 장비를 삼성서 임대해서 쓴다.

01 The director (   ) as a (   ) in our company.

그 이사님이 우리 회사의 핵심 인물로 부상했다.

02 I did not (   ) a (   ), I was asked to take it.

휴가를 내가 간청 한 게 아니고, 가라고 간청을 받은 것이다.

03 We should (   ) with the leave (   ) of the company.

우리는 회사의 휴가 규정을 따라야 한다.

04 The (   ) for our products is (   ) gradually.

우리 상품의 판매시장이 점점 줄어들고 있다.

05 The manager asked me to (   ) the ad copy into just (   ).

팀장님은 광고문을 단 반 페이지로 줄이라고 하셨다.

06 Any car not (   ) a parking (   ) is not allowed to park here.

주차증이 부착되지 아니한 차량은 여기에 주차할 수 없다.

07 We (   ) the new technology to our (   ).

우리는 그 신기술을 우리 제품에 적용했다.

08 (   ) and bring the (   ), and show it to us to get a discount.

할인 받으려면 쿠폰을 떼어 가져오셔서 보여 주세요.

09 He interviewed employees to (   ) the (   ) to the restructuring.

그는 구조조정에 대한 반응을 알아보기 위해 직원들을 면담했다

10 Our company (   ) all our computer (   ) from Samsung.

우리는 우리의 모든 컴퓨터 장비를 삼성서 임대해서 쓴다.

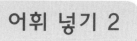

01 그 이사님이 우리 회사의 핵심 인물로 부상했다.

_____

02 휴가를 내가 간청한 게 아니고, 가라고 간청을 받은 것이다.

_____

03 우리는 회사의 휴가 규정을 따라야 한다.

_____

04 우리 상품의 판매시장이 점점 줄어들고 있다.

_____

05 팀장님은 광고문을 단 반 페이지로 줄이라고 하셨다.

_____

06 주차증이 부착되지 아니한 차량은 여기에 주차할 수 없다.

_____

07 우리는 그 신기술을 우리 제품에 적용했다.

_____

08 할인 받으려면 쿠폰을 떼어 가져오셔서 보여 주세요.

_____

09 그는 구조조정에 대한 반응을 알아보기 위해 직원들을 면담했다.

_____

10 우리는 우리의 모든 컴퓨터 장비를 삼성서 임대해서 쓴다.

_____

MEMO

어휘 분석

01 affix: V3, 붙이다, 부착하다

Air travelers should affix their name tags to the carriers.

비행기 여행객들은 이름표를 손가방에 부착해야 한다.

02 contend: V1, (-을 얻으려고) 다투다, 겨루다

Service departments should contend with annoying customers.

고객 서비스 담당부서들은 성가신 고객들과 다퉈야 한다.

03 utilize: V3, 이용하다, 활용하다

Our company utilizes the sun as an energy source.

우리 회사는 태양을 에너지원으로 활용하고 있다.

04 prospective: A, 장래의, 예기된

We asked recruiting managers how they find prospective employees.

채용 담당자들에게 예비 사원을 어떻게 구하는지 물었다.

05 cognizant: A, 인식하고 있는, 알고 있는

You are now cognizant of the fact that you are a member of our company.

당신이 이제 우리 회사의 일원이라는 것을 인식해야 합니다.

06 accessible: A, 접근 가능한, 입장 가능한, 이용 가능한

Our website is accessible to customers by logging in.

우리 웹사이트는 고객들이 로그인을 통해서만 이용이 가능합니다.

07 finished: A, 완성된, 끝난

Our shop deal with only finished products.

우리 상점은 완성품만을 취급합니다.

08 apparently: Ad, 분명히, 확실하게

Business is apparently improving day by day.

경기는 하루하루 분명히 회복되어 가는 것 같다.

09 accidently: Ad, 우연히, 실수로, 뜻하기 않게

I met an ex-coworker accidently at a foreign airport.

나는 한 외국 공항에서 전 직장 동료를 우연히 만났다

10 exploit: V3, (부당하게) 이용하다, 착취하다

Convenience stores should not exploit young part timers.

편의점들은 젊은 파트타이머를 착취하지 말아야 한다.

01   Air travelers should (   ) their name tags to the carriers.
      비행기 여행객들은 이름표를 손가방에 부착해야 한다.

02   Service departments should (   ) with annoying customers.
      고객 서비스 담당부서들은 성가신 고객들과 다뤄야 한다.

03   Our company (   ) the sun as an energy source.
      우리 회사는 태양을 에너지원으로 활용하고 있다.

04   We asked recruiting managers how they find (   ) employees.
      채용 담당자들에게 예비 사원을 어떻게 구하는지 물었다.

05   You are now (   ) of the fact that you are a member of our company.
      당신이 이제 우리 회사의 일원이라는 것을 인식해야 합니다.

06   Our website is (   ) to customers by logging in.
      우리 웹사이트는 고객들이 로그인을 통해서만 이용이 가능합니다.

07   Our shop deal with only (   ) products.
      우리 상점은 완성품만을 취급합니다.

08   Business is (   ) improving day by day.
      경기는 하루하루 분명히 회복되어 가는 것 같다.

09   I met an ex-coworker (   ) at a foreign airport.
      나는 한 외국 공항에서 전 직장 동료를 우연히 만났다

10   Convenience stores should not (   ) young part timers.
      편의점들은 젊은 파트타이머를 착취하지 말아야 한다.

01 Air travelers should (　　) their (　　) to the carriers.
비행기 여행객들은 이름표를 손가방에 부착해야 한다.

02 Service departments should (　　) with annoying (　　).
고객 서비스 담당부서들은 성가신 고객들과 다퉈야 한다.

03 Our company (　　) the (　　) as an energy source.
우리 회사는 태양을 에너지원으로 활용하고 있다.

04 We asked recruiting managers how they find (　　) (　　).
채용 담당자들에게 예비 사원을 어떻게 구하는지 물었다.

05 You are now (　　) of the fact that you are (　　)of our company.
당신이 이제 우리 회사의 일원이라는 것을 인식해야 합니다.

06 Our website is (　　) to customers by (　　).
우리 웹사이트는 고객들이 로그인을 통해서만 이용이 가능합니다.

07 Our shop deal with only (　　) (　　).
우리 상점은 완성품만을 취급합니다.

08 Business is (　　) (　　) day by day.
경기는 하루하루 분명히 회복되어 가는 것 같다.

09 I (　　) an ex-coworker (　　) at a foreign airport.
나는 한 외국 공항에서 전 직장 동료를 우연히 만났다

10 Convenience stores should not (　　) young (　　).
편의점들은 젊은 파트타이머를 착취하지 말아야 한다.

01 비행기 여행객들은 이름표를 손가방에 부착해야 한다.
_____

02 고객 서비스 담당부서들은 성가신 고객들과 다퉈야 한다.
_____

03 우리 회사는 태양을 에너지원으로 활용하고 있다.
_____

04 채용 담당자들에게 예비 사원을 어떻게 구하는지 물었다.
_____

05 당신이 이제 우리 회사의 일원이라는 것을 인식해야 합니다.
_____

06 우리 웹사이트는 고객들이 로그인을 통해서만 이용이 가능합니다.
_____

07 우리 상점은 완성품만을 취급합니다.
_____

08 경기는 하루하루 분명히 회복되어 가는 것 같다.
_____

09 나는 한 외국 공항에서 전 직장 동료를 우연히 만났다.
_____

10 편의점들은 젊은 파트타이머를 착취하지 말아야 한다.
_____

MEMO

어휘 분석

01 adequately: Ad, 적절하게, 충분하게

I am not adequately prepared for the interview.

면접에 대해 충분하게 준비를 하지 못했다.

02 routinely: Ad, 일상적으로, 정기적으로

All employees routinely undergo medical checks in the company.

전 직원은 회사에서 정기적으로 건강 검진을 한다.

03 barring: Prep, -없다면, -제외하고

Barring traffic jam, we could arrive the presentation on time.

교통 혼잡만 없다면 정시에 발표장에 도착할 수 있을 것이다.

04 likeness, N, 닮음, 유사성, 공통점

There is one likeness between the two different items.

두 다른 제품 간의 하나의 공통점이 있다.

05 seating: N, 좌석배치, 전체좌석

Our manager will make the seating for the event.

우리 팀장님께서 행사장의 좌석 배치를 하실 겁니다.

06 converge: V3, 모여들다, 집중되다

Thousands of people converged in Seoul for the candle demonstration.

수천 명이 촛불 시위를 위해 서울로 모여들었다.

07 lower: V3, 낮추다, 내리다

We are asking the government to lower corporate taxes.

우리는 정부에 법인세를 낮추라고 요구하고 있다.

08 gainful: A, 돈벌이가 되는

We are looking for a gainful employment after graduation.

졸업 후 우리는 돈벌이가 되는 일자리를 찾고 있는 중이다.

09 tariff: N, 관세

A tariff is a tax that a government collects on goods coming into a country.

관세는 정부가 국내로 들어오는 상품에 붙이는 세금을 말한다.

10 inhibition: N, 억제, 거리낌, 주저함

Our manager has no inhibitions about giving his presentation.

우리 팀장님은 발표를 하는 데에 주저함이 전혀 없었다.

01   I am not (   ) prepared for the interview.
면접에 대해 충분하게 준비를 하지 못했다.

02   All employees (   ) undergo medical checks in the company.
전 직원은 회사에서 정기적으로 건강 검진을 한다.

03   (   ) traffic jam, we could arrive the presentation on time.
교통 혼잡만 없다면 정시에 발표장에 도착할 수 있을 것이다.

04   There is one (   ) between the two different items.
두 다른 제품 간의 하나의 공통점이 있다.

05   Our manager will make the (   ) for the event.
우리 팀장님께서 행사장의 좌석 배치를 하실 겁니다.

06   Thousands of people (   ) in Seoul for the candle demonstration.
수천 명이 촛불 시위를 위해 서울로 모여들었다.

07   We are asking the government to (   ) corporate taxes.
우리는 정부에 법인세를 낮추라고 요구하고 있다.

08   We are looking for a (   ) employment after graduation.
졸업 후 우리는 돈벌이가 되는 일자리를 찾고 있는 중이다.

09   A (   ) is a tax that a government collects on goods coming into a country.
관세는 정부가 국내로 들어오는 상품에 붙이는 세금을 말한다.

10   Our manager has no (   ) about giving his presentation.
우리 팀장님은 발표를 하는 데에 주저함이 전혀 없었다.

01 I am not (   ) (   ) for the interview.
면접에 대해 충분하게 준비를 하지 못했다.

02 All employees (   ) undergo (   ) in the company.
전 직원은 회사에서 정기적으로 건강 검진을 한다.

03 (   ) traffic (   ), we could arrive the presentation on time.
교통 혼잡만 없다면 정시에 발표장에 도착할 수 있을 것이다.

04 There is one (   ) between the two different (   ).
두 다른 제품 간의 하나의 공통점이 있다.

05 Our manager will (   ) the (   ) for the event.
우리 팀장님께서 행사장의 좌석 배치를 하실 겁니다.

06 Thousands of people (   ) in (   ) for the candle demonstration.
수천 명이 촛불 시위를 위해 서울로 모여들었다.

07 We are asking the government to (   ) (   ).
우리는 정부에 법인세를 낮추라고 요구하고 있다.

08 We are looking for a (   ) (   ) after graduation.
졸업 후 우리는 돈벌이가 되는 일자리를 찾고 있는 중이다.

09 A (   ) is a tax that a government collects on goods (   ) into a country.
관세는 정부가 국내로 들어오는 상품에 붙이는 세금을 말한다.

10 Our manager has no (   ) about giving his (   ).
우리 팀장님은 발표를 하는 데에 주저함이 전혀 없었다.

01 면접에 대해 충분하게 준비를 하지 못했다.

_____

02 전 직원은 회사에서 정기적으로 건강 검진을 한다.

_____

03 교통 혼잡만 없다면 정시에 발표장에 도착할 수 있을 것이다.

_____

04 두 다른 제품 간의 하나의 공통점이 있다.

_____

05 우리 팀장님께서 행사장의 좌석 배치를 하실 겁니다.

_____

06 수천 명이 촛불 시위를 위해 서울로 모여들었다.

_____

07 우리는 정부에 법인세를 낮추라고 요구하고 있다.

_____

08 졸업 후 우리는 돈벌이가 되는 일자리를 찾고 있는 중이다.

_____

09 관세는 정부가 국내로 들어오는 상품에 붙이는 세금을 말한다.

_____

10 우리 팀장님은 발표를 하는 데에 주저함이 전혀 없었다.

_____

MEMO

01   in place: Prep, 준비된, 제 자리에 있는

Everything is in place for the job interview.

취업 면접을 위해 모든 것이 준비가 다 되었다.

02   in view of: Prep, -을 고려하여

In view of the weather, the lunch event will be held indoors.

날씨를 고려하여 이제 그 새 상품 출시행사는 실내에서 열릴 것이다.

03   put in for: I, 신청하다, 요청하다

He's put in for a transfer to an overseas branch.

그는 해외 지사로의 전근을 신청했다.

04   comply with: I, 지키다, 준수하다

All personnel should comply with the office regulations.

전 직원은 사무규정을 준수해야만 한다.

05   acquaint: V3, 알게 하다, 숙지시키다

The company must acquaint new employees with office regulations.

회사는 신입사원들에게 사무규정을 숙지시켜야 한다.

06   in the event of: I, -할 경우에, 만약 -한다면

In the event of fire, ring the alarm bell by the elevator.

불이 났을 경우에는 엘리베이터 옆 비상벨을 누르세요.

07 think of: I, -을 생각하다

I am thinking of transferring to an overseas branch now.

저는 지금 해외 지사로의 전근을 생각을 하고 있습니다.

08 expiration: N, 만료, 만기

This shop sells the products which have passed the expiration date.

이 가게는 유통기한이 지난 제품을 팔고 있다.

09 defector: N, 탈주자, 탈북자

The government has to feed, clothe, and house the defectors.

정부가 탈북자들을 먹이고 입히고 재워야 한다.

10 on the wane: I, 줄어드는, 시들어드는, 떨어지는

The value of our company's stock is on the wane.

우리 회사의 주식 값이 떨어지고 있다.

01 Everything is (   ) for the interview.
     취업 면접을 위해 모든 것이 준비가 다 되었다.

02 (   ) the weather, the lunch event will be held indoors.
     날씨를 고려하여 이제 그 새 상품 출시행사는 실내에서 열릴 것이다.

03 He's (   ) a transfer to an overseas branch.
     그는 해외 지사로의 전근을 신청했다.

04 All personnel should (   ) the office regulations.
     전 직원은 사무규정을 준수해야만 한다.

05 The company must (   ) new employees with office regulations.
     회사는 신입사원들에게 사무규정을 숙지시켜야 한다.

06 (   ) fire, ring the alarm bell by the elevator.
     불이 났을 경우에는 엘리베이터 옆 비상벨을 누르세요.

07 I am (   ) transferring to an overseas branch now.
     저는 지금 해외 지사로의 전근을 생각을 하고 있습니다.

08 This shop sells the products which have passed the (   ) date.
     이 가계는 유통기한이 지난 제품을 팔고 있다.

09 The government has to feed, clothe, and house the (   ).
     정부가 탈북자들을 먹이고 입히고 재워야 한다.

10 The value of our company's stock is (   ).
     우리 회사의 주식 값이 떨어지고 있다.

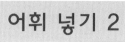

01 Everything is (   ) for the (   ).
취업 면접을 위해 모든 것이 준비가 다 되었다.

02 (   ) the (   ), the lunch event will be held indoors.
날씨를 고려하여 이제 그 새 상품 출시행사는 실내에서 열릴 것이다.

03 He's (   ) a (   ) to an overseas branch.
그는 해외 지사로의 전근을 신청했다.

04 All personnel should (   ) the office (   ).
전 직원은 사무규정을 준수해야만 한다.

05 The company must (   ) new employees with (   ).
회사는 신입사원들에게 사무규정을 숙지시켜야 한다.

06 (   ) (   ), ring the alarm bell by the elevator.
불이 났을 경우에는 엘리베이터 옆 비상벨을 누르세요.

07 I am (   ) (   ) to an overseas branch now.
저는 지금 해외 지사로의 전근을 생각을 하고 있습니다.

08 This shop sells the products which have passed the (   ) (   ).
이 가계는 유통기한이 지난 제품을 팔고 있다.

09 The government has to (   ) the (   ).
정부가 탈북자들을 먹이고 입히고 재워야 한다.

10 The value of our company's (   ) is (   ).
우리 회사의 주식 값이 떨어지고 있다.

01 취업 준비를 위해 모든 것이 준비가 다 되었다.

_____

02 날씨를 고려하여 이제 그 새 상품 출시행사는 실내에서 열릴 것이다.

_____

03 그는 해외 지사로의 전근을 신청했다.

_____

04 전 직원은 사무규정을 준수해야만 한다.

_____

05 회사는 신입사원들에게 사무규정을 숙지시켜야 한다.

_____

06 불이 났을 경우에는 엘리베이터 옆 비상벨을 누르세요.

_____

07 저는 지금 해외 지사로의 전근을 생각을 하고 있습니다.

_____

08 이 가계는 유통기한이 지난 제품을 팔고 있다.

_____

09 정부가 탈북자들을 먹이고 입히고 재워야 한다.

_____

10 우리 회사의 주식 값이 떨어지고 있다.

_____

MEMO

어휘 분석

01   on the hour: I, 정각에

The shuttle for the airport leaves every hour on the hour.

공항 행 셔틀버스는 매시 정각에 출발합니다.

02   upon receipt: I, 수령 즉시

Upon receipt of the products, please let us know it.

제품을 수령하시면 즉시 알려주세요.

03   out of business: I, 폐업하는, 문을 닫는

Many travel companies will go out of business this summer.

올 여름에는 많은 여행사들이 폐업을 하게 될 것이다.

04   lag behind: I, 뒤처지다, 뒤떨어지다

My firm never lags behind in foreign competition.

우리 회사는 외국과의 경쟁에서 결코 뒤지지 않는다.

05   on one's own: I, 홀로, 혼자 힘으로

As you are an adult, you should learn how to decide on your own.

성인이 되었으니, 혼자 힘으로 결정하는 것을 배워야 한다.

06   at the urging of: I, -재촉으로, 권유로

We ordered model 2014 at the urging of your salesperson.

귀사의 영업 사원의 권유로 모델 2014를 주문했습니다.

07   uphold: V3, (법 · 원칙 등을) 유지시키다, 지키다

We have a duty to uphold the company regulations.

우리는 회사의 규정을 지켜야할 의무가 있다.

08   give in: I, (-에게) 항복하다, 굴복하다

I gave in to my boss's request to work overtime.

야근 해달라는 상사의 요청에 굴복하고 말았다.

09   stand in for: I, -를 대신하다

My assistant will stand in for me while I'm away.

제가 없는 동안에는 제 조수가 저를 대신할 겁니다.

10   compatible: A, 호환이 되는, 양립 될 수 있는

The new system could be compatible with existing one.

새 시스템은 기존의 것과 호환이 될 수 있을 것이다.

01 The shuttle for the airport leaves every hour (   ).
공항 행 셔틀버스는 매시 정각에 출발합니다.

02 (   ) of the products, please let us know it.
제품을 수령하시면 즉시 알려주세요.

03 Many travel companies will go (   ) this summer.
올 여름에는 많은 여행사들이 폐업을 하게 될 것이다.

04 My firm never (   ) in foreign competition.
우리 회사는 외국과의 경쟁에서 결코 뒤지지 않는다.

05 As you are an adult, you should learn how to decide (   ).
성인이 되었으니, 혼자 힘으로 결정하는 것을 배워야 한다.

06 We ordered model 2014 (   ) your salesperson.
귀사의 영업 사원의 권유로 모델 2014를 주문했습니다.

07 We have a duty to (   ) the company regulations.
우리는 회사의 규정을 지켜야할 의무가 있다.

08 I (   ) to my boss's request to work overtime.
야근 해달라는 상사의 요청에 굴복하고 말았다.

09 My assistant will (   ) me while I'm away.
제가 없는 동안에는 제 조수가 저를 대신할 겁니다.

10 The new system could be (   ) with existing one.
새 시스템은 기존의 것과 호환이 될 수 있을 것이다.

 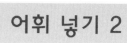

01 The shuttle for the airport (   ) every hour (   ).
공항 행 셔틀버스는 매시 정각에 출발합니다.

02 (   ) of the (   ), please let us know it.
제품을 수령하시면 즉시 알려주세요.

03 Many (   ) will go (   ) this summer.
올 여름에는 많은 여행사들이 폐업을 하게 될 것이다.

04 My firm never (   ) in foreign (   ).
우리 회사는 외국과의 경쟁에서 결코 뒤지지 않는다.

05 As you are an adult, you should learn how to (   ) (   ).
성인이 되었으니, 혼자 힘으로 결정하는 것을 배워야 한다.

06 We ordered model 2014 (   ) your (   ).
귀사의 영업 사원의 권유로 모델 2014를 주문했습니다.

07 We have a duty to (   ) the company (   ).
우리는 회사의 규정을 지켜야할 의무가 있다.

08 I (   ) to my boss's (   ) to work overtime.
야근 해달라는 상사의 요청에 굴복하고 말았다.

09 My (   ) will (   ) me while I'm away.
제가 없는 동안에는 제 조수가 저를 대신할 겁니다.

10 The new system could be (   ) with (   ).
새 시스템은 기존의 것과 호환이 될 수 있을 것이다.

01 공항 행 셔틀버스는 매시 정각에 출발합니다.
_____

02 제품을 수령하시면 즉시 알려주세요.
_____

03 올 여름에는 많은 여행사들이 폐업을 하게 될 것이다.
_____

04 우리 회사는 외국과의 경쟁에서 결코 뒤지지 않는다.
_____

05 성인이 되었으니, 혼자 힘으로 결정하는 것을 배워야 한다.
_____

06 귀사의 영업 사원의 권유로 모델 2014를 주문했습니다.
_____

07 우리는 회사의 규정을 지켜야할 의무가 있다.
_____

08 야근 해달라는 상사의 요청에 굴복하고 말았다.
_____

09 제가 없는 동안에는 제 조수가 저를 대신할 겁니다.
_____

10 새 시스템은 기존의 것과 호환이 될 수 있을 것이다.
_____

MEMO

01   back: Ad, 전에, 과거에

I had studied very hard to get this job back in my college.

나는 과거 대학 때에 이 직장을 잡으려고 공부를 열심히 했다.

02   cognizant: A, 인식하고 있는, 알고 있는

You should be cognizant of the fact that ours are the best.

여러분은 우리 것(제품)이 최고라는 것을 알고 있어야 합니다.

03   likely: A, -할 공산이 있는, -할 것 같은, -것으로 예상되는

Airplane tickets is likely to be expensive this summer.

올 여름 비행기 표 값은 비쌀 것이다.

04   contingent: A, -의 여하에 달린

Your success in this company is contingent upon your attitude.

당신이 이 회사에서 성공하느냐는 당신의 자세에 달려있다.

05   touch down: I, 착륙하다, 터치다운하다

Our plane will touch down at the Incheon international airport soon.

우리 비행기는 곧 인천국제공항에 착륙할 예정입니다.

06   alert: V3, 의식하게하다, 환기시키다

The manager alerted us to the new leave regulation.

팀장님은 새 휴가규정에 대해 우리에게 환기시켜 주었다.

07 apprise: V3, -에게 -을 알리다

You should apprise your boss of the reason for leaving the job first.

당신은 상사에게 직장을 그만 두는 이유를 먼저 알려야 한다.

08 cite: V3, -을 -(이유, 원인으로) 들다

He cited his bad health as a reason for his leaving the job.

그는 자기가 좋지 않은 건강을 사직의 사유로 들었다.

09 accrue: V3, 누적시키다

Our firm had accrued debts of over 500 million won this year.

우리 회사는 올해 5억 원 넘는 부채를 누적 시켰다.

10 contiguous: A, 인접한, 근접한

Our company is contiguous to the international airport.

우리 회사는 국제공항에 인접해 있다.

01 I had studied very hard to get this job (   ) in my college.
나는 과거 대학 때에 이 직장을 잡으려고 공부를 열심히 했다.

02 You should be (   ) of the fact that ours are the best.
여러분은 우리 것(제품)이 최고라는 것을 알고 있어야 합니다.

03 Airplane tickets is (   ) to be expensive this summer.
올 여름 비행기 표 값은 비쌀 것이다.

04 Your success in this company is (   ) upon your attitude.
당신이 이 회사에서 성공하느냐는 당신의 자세에 달려있다.

05 Our plane will (   ) at the Incheon international airport soon.
우리 비행기는 곧 인천국제공항에 착륙할 예정입니다.

06 The manager (   ) us to the new leave regulation.
팀장님은 새 휴가규정에 대해 우리에게 환기시켜 주었다.

07 You should (   ) your boss of the reason for leaving the job first.
당신은 상사에게 직장을 그만 두는 이유를 먼저 알려야 한다.

08 He (   ) his bad health as a reason for his leaving the job.
그는 자기가 좋지 않은 건강을 사직의 사유로 들었다.

09 Our firm had (   ) debts of over 500 million won this year.
우리 회사는 올해 5억 원 넘는 부채를 누적 시켰다.

10 Our company is (   ) to the international airport.
우리 회사는 국제공항에 인접해 있다.

 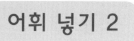

01 I had studied very hard to get this job (   ) (   ).
나는 과거 대학 때에 이 직장을 잡으려고 공부를 열심히 했다.

02 You should be (   ) of the fact that ours are (   ).
여러분은 우리 것(제품)이 최고라는 것을 알고 있어야 합니다.

03 Airplane tickets is (   ) to be (   ) this summer.
올 여름 비행기 표 값은 비쌀 것이다.

04 Your success in this company is (   ) upon your (   ).
당신이 이 회사에서 성공하느냐는 당신의 자세에 달려있다.

05 Our plane will (   ) at the Incheon international (   ) soon.
우리 비행기는 곧 인천국제공항에 착륙할 예정입니다.

06 The manager (   ) us to the new (   ).
팀장님은 새 휴가규정에 대해 우리에게 환기시켜 주었다.

07 You should (   ) your boss of the (   ) for leaving the job first.
당신은 상사에게 직장을 그만 두는 이유를 먼저 알려야 한다.

08 He (   ) his bad health as a (   ) for his leaving the job.
그는 자기가 좋지 않은 건강을 사직의 사유로 들었다.

09 Our firm had (   ) (   ) of over 500 million won this year.
우리 회사는 올해 5억 원 넘는 부채를 누적 시켰다.

10 Our company is (   ) to the international (   ).
우리 회사는 국제공항에 인접해 있다.

01 나는 과거 대학 때에 이 직장을 잡으려고 공부를 열심히 했다.

02 여러분은 우리 것(제품)이 최고라는 것을 알고 있어야 합니다.

03 올 여름 비행기 표 값은 비쌀 것이다.

04 당신이 이 회사에서 성공하느냐는 당신의 자세에 달려있다.

05 우리 비행기는 곧 인천국제공항에 착륙할 예정입니다.

06 팀장님은 새 휴가규정에 대해 우리에게 환기시켜 주었다.

07 당신은 상사에게 직장을 그만 두는 이유를 먼저 알려야 한다.

08 그는 자기가 좋지 않은 건강을 사직의 사유로 들었다.

09 우리 회사는 올해 5억 원 넘는 부채를 누적 시켰다.

10 우리 회사는 국제공항에 인접해 있다.

MEMO

01   defer: V3, 연기하다, 미루다

Our company will defer your salaries for about 30 days.

회사는 월급 지불을 약 30일 정도 연기한답니다.

02   down payment: N, (할부금의) 착수금, 계약금

Our company is saving for a down payment on a new building.

우리 회사는 새 빌딩을 살 계약금을 저축하고 있는 중이다.

03   forfeit: V3, 몰수당하다, 박탈당하다

If you are not cancel your flight in advance, you will forfeit your deposit.

비행기를 미리 취소하지 않으시면 예약금은 날라갑니다.

04   get started: I, 시작하다

Let's get started with today's work.

자 오늘 일을 시작합시다.

05   iron out: V3, 해소하다, 해결하다

Our sales manager had the tact to iron out sales problem.

판매 부장님은 판매문제를 해결하는 데에 재치가 있다.

06   liability: N, 법적 책임

Our company has no liability for the damages caused by natural disasters.

우리 회사에서는 천재지변에 의한 손상에 대해서 법적 책임이 없습니다.

07 substitute: V3, 대신하다, 대체되다, 대용하다

Our company substituted bonus for gift certificates.

우리 회사는 보너스를 상품권으로 대신 주었다.

08 repayment: N, 상환

Repayment of the bank loan is imminent for tomorrow.

은행 대출금 상환이 내일로 임박해 왔다.

09 slip: V3, 살짝 밀어 넣다

Our manager slipped some money to the waiter.

우리 팀장님은 웨이터에게 돈을 찔러 넣어 주었다.

10 undergraduate: N, 학부생, 대학생

Undergraduates in Korea have much stress for getting a job.

한국 대학생들은 일자리를 구하는 데에 많은 스트레스를 받는다.

01 Our company will (   ) your salaries for about 30 days.
회사는 월급 지불을 약 30일 정도 연기한답니다.

02 Our company is saving for a (   ) on a new building.
우리 회사는 새 빌딩을 살 계약금을 저축하고 있는 중이다.

03 If you are not cancel your flight in advance, you will (   ) your deposit.
비행기를 미리 취소하지 않으시면 예약금은 날라갑니다.

04 Let's (   ) with today's work.
자 오늘 일을 시작합시다.

05 Our sales manager had the tact to (   ) sales problem.
판매 부장님은 판매문제를 해결하는 데에 재치가 있다.

06 Our company has no (   ) for the damages caused by natural disasters.
우리 회사에서는 천재지변에 의한 손상에 대해서 법적 책임이 없습니다.

07 Our company (   ) bonus for gift certificates.
우리 회사는 보너스를 상품권으로 대신 주었다.

08 (   ) of the bank loan is imminent for tomorrow.
은행 대출금 상환이 내일로 임박해 왔다.

09 Our manager (   ) some money to the waiter.
우리 팀장님은 웨이터에게 돈을 찔러 넣어 주었다.

10 (   ) in Korea have much stress for getting a job.
한국 대학생들은 일자리를 구하는 데에 많은 스트레스를 받는다.

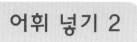
01 Our company will (   ) your (   ) for about 30 days.
회사는 월급 지불을 약 30일 정도 연기한답니다.

02 Our company is (   ) for a (   ) on a new building.
우리 회사는 새 빌딩을 살 계약금을 저축하고 있는 중이다.

03 If you are not cancel your flight in advance, you will (   ) your (   ).
비행기를 미리 취소하지 않으시면 예약금은 날라갑니다.

04 Let's (   ) with today's (   ).
자 오늘 일을 시작합시다.

05 Our sales manager had the tact to (   ) (   ).
판매 부장님은 판매문제를 해결하는 데에 재치가 있다.

06 Our company has no (   ) for the (   ) caused by natural disasters.
우리 회사에서는 천재지변에 의한 손상에 대해서 법적 책임이 없습니다.

07 Our company (   ) bonus for (   ).
우리 회사는 보너스를 상품권으로 대신 주었다.

08 (   ) of the (   ) is imminent for tomorrow.
은행 대출금 상환이 내일로 임박해 왔다.

09 Our manager (   ) some (   ) to the waiter.
우리 팀장님은 웨이터에게 돈을 찔러 넣어 주었다.

10 (   ) in Korea have (   ) for getting a job.
한국 대학생들은 일자리를 구하는 데에 많은 스트레스를 받는다.

01 회사는 월급 지불을 약 30일 정도 연기한답니다.

02 우리 회사는 새 빌딩을 살 계약금을 저축하고 있는 중이다.

03 비행기를 미리 취소하지 않으시면 예약금은 날라갑니다.

04 자 오늘 일을 시작합시다.

05 판매 부장님은 판매문제를 해결하는 데에 재치가 있다.

06 우리 회사에서는 천재지변에 의한 손상에 대해서 법적 책임이 없습니다.

07 우리 회사는 보너스를 상품권으로 대신 주었다.

08 은행 대출금 상환이 내일로 임박해 왔다.

09 우리 팀장님은 웨이터에게 돈을 찔러 넣어 주었다.

10 한국 대학생들은 일자리를 구하는 데에 많은 스트레스를 받는다.

MEMO

01 utility bill: N, 공공요금 청구서

You can pay your public utility bills at this counter.

공공요금은 이 창구에서 내실 수 있습니다.

02 invincible: A, 천하무적의

Our company has been invincible in product quality in Korea.

제품의 질에 있어서 우리 회사는 한국에서 천하무적이다.

03 discriminate: V1, 차별하다

Companies still discriminate against women but in favor of men.

아직도 회사들은 여자에겐 불리하고, 남자에겐 유리하게 차별한다.

04 deem: V3, -라고 생각하다, 여기다

The lunch presentation yesterday was deemed a great success.

어제의 신제품 발표회는 대 성공으로 여겨진다.

05 add-on: N, 추가(물)

A large bonus is an add-on to your salary in our company.

우리 회사에서는 많은 보너스가 월급 외에 추가로 나간다.

06 alternate: V1, 번갈아 하다

Manager and I will alternate in giving presentations.

팀장님과 내가 교대로 프레젠테이션을 할 것이다.

07   amenities: N, 편의시설

Our company is very old, but have not many amenities yet.

우리 회사는 오래 되었으나, 편의 시설은 많지 않다.

08   attentive: A, 배려하는, 세심한

The hotel staff are more attentive to older customers.

호텔 직원들은 나이 드신 고객들에게 더 세심하게 배려한다.

09   benefit package: N, 복리후생 제도

I am very happy with our company's benefits package.

저는 우리 회사의 복리후생 제도가 매우 마음에 듭니다.

10   board: N, 식사

We get bed and board at our branch manager's house.

우리들은 지점장의 집에서 숙식을 하고 있다.

01   You can pay your public (   ) at this counter.
공공요금은 이 창구에서 내실 수 있습니다.

02   Our company has been (   ) in product quality in Korea.
제품의 질에 있어서 우리 회사는 한국에서 천하무적이다.

03   Companies still (   ) against women but in favor of men.
아직도 회사들은 여자에겐 불리하고, 남자에겐 유리하게 차별한다.

04   The lunch presentation yesterday was (   ) a great success.
어제의 신제품 발표회는 대 성공으로 여겨진다.

05   A large bonus is an (   ) to your salary in our company.
우리 회사에서는 많은 보너스가 월급 외에 추가로 나간다.

06   Manager and I will (   ) in giving presentations.
팀장님과 내가 교대로 프레젠테이션을 할 것이다.

07   Our company is very old, but have not many (   ) yet.
우리 회사는 오래 되었으나, 편의 시설은 많지 않다.

08   The hotel staff are more (   ) to older customers.
호텔 직원들은 나이 드신 고객들에게 더 세심하게 배려한다.

09   I am very happy with our company's (   ).
저는 우리 회사의 복리후생 제도가 매우 마음에 듭니다.

10   We get bed and (   ) at our branch manager's house.
우리들은 지점장의 집에서 숙식을 하고 있다.

 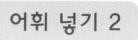

01 You can pay your public (   ) at (   ).
공공요금은 이 창구에서 내실 수 있습니다.

02 Our company has been (   ) in product (   ) in Korea.
제품의 질에 있어서 우리 회사는 한국에서 천하무적이다.

03 Companies still (   ) against (   ) but in favor of men.
아직도 회사들은 여자에겐 불리하고, 남자에겐 유리하게 차별한다.

04 The lunch presentation yesterday was (   ) a great (   ).
어제의 신제품 발표회는 대 성공으로 여겨진다.

05 A large (   ) is an (   ) to your salary in our company.
우리 회사에서는 많은 보너스가 월급 외에 추가로 나간다.

06 Manager and I will (   ) in (   ).
팀장님과 내가 교대로 프레젠테이션을 할 것이다.

07 Our (   ) is very old, but have not many (   ) yet.
우리 회사는 오래 되었으나, 편의 시설은 많지 않다.

08 The hotel (   ) are more (   ) to older customers.
호텔 직원들은 나이 드신 고객들에게 더 세심하게 배려한다.

09 I am very happy with (   )'s (   ).
저는 우리 회사의 복리후생 제도가 매우 마음에 듭니다.

10 We get bed and (   ) at our branch manager's (   ).
우리들은 지점장의 집에서 숙식을 하고 있다.

01 공공요금은 이 창구에서 내실 수 있습니다.

_____

02 제품의 질에 있어서 우리 회사는 한국에서 천하무적이다.

_____

03 아직도 회사들은 여자에겐 불리하고, 남자에겐 유리하게 차별한다.

_____

04 어제의 신제품 발표회는 대 성공으로 여겨진다.

_____

05 우리 회사에서는 많은 보너스가 월급 외에 추가로 나간다.

_____

06 팀장님과 내가 교대로 프레젠테이션을 할 것이다.

_____

07 우리 회사는 오래 되었으나, 편의 시설은 많지 않다.

_____

08 호텔 직원들은 나이 드신 고객들에게 더 세심하게 배려한다.

_____

09 저는 우리 회사의 복리후생 제도가 매우 마음에 듭니다.

_____

10 우리들은 지점장의 집에서 숙식을 하고 있다.

_____

MEMO

01   luxury: N, 호화로움, 사치

We stayed at a luxury hotel all through the business trip.

우리는 출장 내내 호화 호텔에서 머물렀다.

02   luxurious: A, 사치스런, 호화스런

We now living more luxurious lives than before.

우리 지금 전 보다 더 사치스러운 생활을 하고 있다.

03   cuisine: N, 요리, 요리법

This is the first time I've eaten Korean cuisine.

이번이 한국 요리를 먹는 첫 번째입니다.

04   dependable: A, 신뢰할 수 있는, 믿을 수 있는

Our president prefers dependable employees.

우리 사장님은 신뢰할 수 있는 직원들을 선호한다.

05   diner: N, 식사하는 손님, 작은 식당

We are looking for a restaurant capable of seating 100 diners.

우리는 100명의 손님이 앉을 수 있는 식당을 찾고 있습니다.

06   drowse: V1, 졸다

Our manager sometimes drowses in his desk.

우리 팀장님은 가끔 책상에 앉아서 존다.

07   mail order: N, 통신 판매, 우편 주문

We love shopping by mail order nowadays.

요즘 우리는 우편 주문을 통해 쇼핑하는 것을 좋아합니다.

08   managerial: N, 경영의, 관리의, 운영의

The president's son has no managerial experience yet.

회장의 아들은 아직 경영 경험은 없다.

09   slumber: N, 잠, 수면

I fell into a deep slumber after a long company dinner.

긴 사내 회식 후 나는 깊은 잠 속으로 빠져들었다.

10   stylish: A, 유행을 따르는, 멋진, 우아한

Our company lunches only stylish items to our customers.

우리 회사는 고객님들께 유행에 맞는 상품을 출시합니다.

01 We stayed at a (   ) hotel all through the business trip.
우리는 출장 내내 호화 호텔에서 머물렀다.

02 We now living more (   ) lives than before.
우리 지금 전 보다 더 사치스러운 생활을 하고 있다.

03 This is the first time I've eaten Korean (   ).
이번이 한국 요리를 먹는 첫 번째입니다.

04 Our president prefers (   ) employees.
우리 사장님은 신뢰할 수 있는 직원들을 선호한다.

05 We are looking for a restaurant capable of seating 100 (   ).
우리는 100명의 손님이 앉을 수 있는 식당을 찾고 있습니다.

06 Our manager sometimes (   ) in his desk.
우리 팀장님은 가끔 책상에 앉아서 존다.

07 We love shopping by (   ) nowadays.
요즘 우리는 우편 주문을 통해 쇼핑하는 것을 좋아합니다.

08 The president's son has no (   ) experience yet.
회장의 아들은 아직 경영 경험은 없다.

09 I fell into a deep (   ) after a long company dinner.
긴 사내 회식 후 나는 깊은 잠 속으로 빠져들었다.

10 Our company lunches only (   ) items to our customers.
우리 회사는 고객님들께 유행에 맞는 상품을 출시합니다.

01   We stayed at a (   ) (   ) all through the business trip.
우리는 출장 내내 호화 호텔에서 머물렀다.

02   We now living more (   ) (   ) than before.
우리 지금 전 보다 더 사치스러운 생활을 하고 있다.

03   This is the first time I've eaten (   ) (   ).
이번이 한국 요리를 먹는 첫 번째입니다.

04   Our president prefers (   ) (   ).
우리 사장님은 신뢰할 수 있는 직원들을 선호한다.

05   We are looking for a restaurant capable of seating (   ) (   ).
우리는 100명의 손님이 앉을 수 있는 식당을 찾고 있습니다.

06   Our manager sometimes (   ) in his (   ).
우리 팀장님은 가끔 책상에 앉아서 존다.

07   We love (   ) by (   ) nowadays.
요즘 우리는 우편 주문을 통해 쇼핑하는 것을 좋아합니다.

08   The president's son has no (   ) (   ) yet.
회장의 아들은 아직 경영 경험은 없다.

08   I fell into a deep (   ) after a long (   ).
긴 사내 회식 후 나는 깊은 잠 속으로 빠져들었다.

10   Our company lunches only (   ) (   ) to our customers.
우리 회사는 고객님께 유행에 맞는 상품을 출시합니다.

01 우리는 출장 내내 호화 호텔에서 머물렀다.

_____

02 우리 지금 전 보다 더 사치스러운 생활을 하고 있다.

_____

03 이번이 한국 요리를 먹는 첫 번째입니다.

_____

04 우리 사장님은 신뢰할 수 있는 직원들을 선호한다.

_____

05 우리는 100명의 손님이 앉을 수 있는 식당을 찾고 있습니다.

_____

06 우리 팀장님은 가끔 책상에 앉아서 존다.

_____

07 요즘 우리는 우편 주문을 통해 쇼핑하는 것을 좋아합니다.

_____

08 회장의 아들은 아직 경영 경험은 없다.

_____

09 긴 사내 회식 후 나는 깊은 잠 속으로 빠져들었다.

_____

10 우리 회사는 고객님들께 유행에 맞는 상품을 출시합니다.

_____

MEMO

어휘 분석

01   grant: V3, 승인하다, 허락하다

The bank finally granted our company a 500 million won loan.

은행은 마침내 우리 회사에게 5 억 원의 융자를 승인했다.

02   tasteful: A, (특히 옷·가구·장식 등이) 고상한, 우아한

The advertised clothing company always creates tasteful clothes.

광고된 그 의류회사는 항상 고상한 옷을 만들어 내고 있다.

03   variance: N, 변화, 변동 양

The sales manager check the variance in sales figures everyday.

판매부장님께서 매일 판매량의 변동을 체크 하신다.

04   asterisk: N, 별표

I have placed an asterisk next to the job you should do first.

당신이 먼저 해야 할 일에 별표를 달아 놨어요.

05   bear: V3, 부담하다

The company is supposed to bear the expense of business travel.

출장비는 회사가 부담하게 되어 있다.

06   quote: N, 견적가

Their quote for the lounge remodeling was too high.

휴게실 리모델링에 대한 그들의 견적가는 너무 높았다.

07 render: V4, 주다, 제공하다, 제출하다

My job at the company is to render customers service.

회사에서의 내 일은 고객에게 서비스를 제공하는 것이다.

08 scheme: N, 계획, 제도

You should always lay a scheme first before you do something.

무언가를 하기 전에 항상 먼저 계획을 세워야 한다.

09 dealership: N, 판매 대리점, 특약점

An auto dealership nearby is having a sale now.

근처 한 새 자동차 판매 대리점이 지금 세일을 하고 있다.

10 displace: V3, 대신하다, 대체하다

Factory workers have gradually been displaced by machines.

우리 공장 사람들이 차츰 기계로 대체되어가고 있다.

01 The bank finally (   ) our company a 500 million won loan.
은행은 마침내 우리 회사에게 5억 원의 융자를 승인했다.

02 The advertised clothing company always creates (   ) clothes.
광고된 그 의류회사는 항상 고상한 옷을 만들어 내고 있다.

03 The sales manager check the (   ) in sales figures everyday.
판매부장님께서 매일 판매량의 변동을 체크 하신다.

04 I have placed an (   ) next to the job you should do first.
당신이 먼저 해야 할 일에 별표를 달아 놨어요.

05 The company is supposed to (   ) the expense of business travel.
출장비는 회사가 부담하게 되어 있다.

06 Their (   ) for the lounge remodeling was too high.
휴게실 리모델링에 대한 그들의 견적가는 너무 높았다.

07 My job at the company is to (   ) customers service.
회사에서의 내 일은 고객에게 서비스를 제공하는 것이다.

08 You should always lay a (   ) first before you do something.
무언가를 하기 전에 항상 먼저 계획을 세워야 한다.

09 An auto (   ) nearby is having a sale now.
근처 한 새 자동차 판매 대리점이 지금 세일을 하고 있다.

10 Factory workers have gradually been (   ) by machines.
우리 공장 사람들이 차츰 기계로 대체되어가고 있다.

01   The bank finally (   ) our company a 500 million won (   ).
      은행은 마침내 우리 회사에게 5억 원의 융자를 승인했다.

02   The advertised clothing company always creates (   ) (   ).
      광고된 그 의류회사는 항상 고상한 옷을 만들어 내고 있다.

03   The sales manager check the (   ) in (   ) everyday.
      판매부장님께서 매일 판매량의 변동을 체크 하신다.

04   I have (   ) an (   ) next to the job you should do first.
      당신이 먼저 해야 할 일에 별표를 달아 놨어요.

05   The company is supposed to (   ) the (   ) of business travel.
      출장비는 회사가 부담하게 되어 있다.

06   Their (   ) for the lounge remodeling was too (   ).
      휴게실 리모델링에 대한 그들의 견적가는 너무 높았다.

07   My job at the company is to (   ) customers (   ).
      회사에서의 내 일은 고객에게 서비스를 제공하는 것이다.

08   You should always (   ) a (   ) first before you do something.
      무언가를 하기 전에 항상 먼저 계획을 세워야 한다.

09   An (   ) (   ) nearby is having a sale now.
      근처 한 새 자동차 판매 대리점이 지금 세일을 하고 있다.

10   Factory workers have gradually been (   ) by (   ).
      우리 공장 사람들이 차츰 기계로 대체되어가고 있다.

01 은행은 마침내 우리 회사에게 5억 원의 융자를 승인했다.

_____

02 광고된 그 의류회사는 항상 고상한 옷을 만들어 내고 있다.

_____

03 판매부장님께서 매일 판매량의 변동을 체크 하신다.

_____

04 당신이 먼저 해야 할 일에 별표를 달아 놨어요.

_____

05 출장비는 회사가 부담하게 되어 있다.

_____

06 휴게실 리모델링에 대한 그들의 견적가는 너무 높았다.

_____

07 회사에서의 내 일은 고객에게 서비스를 제공하는 것이다.

_____

08 무언가를 하기 전에 항상 먼저 계획을 세워야 한다.

_____

09 근처 한 새 자동차 판매 대리점이 지금 세일을 하고 있다.

_____

10 우리 공장 사람들이 차츰 기계로 대체되어가고 있다.

_____

MEMO

어휘 분석

01   downside: N, 불리한 면, 부정적인 면

The stock prices today are on the downside.

오늘의 주가는 내림세이다.

02   haphazardly: Ad, 아무렇게나, 되는대로

Don't pile the confidential documents haphazardly on your desk.

비밀서류를 책상에 아무렇게나 쳐 박아 두지 마라.

03   motivate: V3, 동기를 부여하다, 이유가 되다

The pay raise motivated employees to work more hard.

봉급인상은 직원들이 더 열심히 일할 수 있는 동기를 부여했다.

04   move up: 승진하다, 출세하다

The harder you work, the sooner you move up in the company.

더 열심히 노력하면 더 빨리 승진할 수 있다.

05   confide: V3, (비밀을) 털어 놓다

I always confides company secrets only to my colleagues.

나는 회사 동료에게만 회사 비밀을 털어놓는다.

06   relocate: V3, 이전시키다, 이동시키다

Our company relocated our head office to Jejudo.

우리 회사는 본사를 제주도로 이전시켰다.

07   slice: V3, 대폭 줄이다, 대폭 삭감하다

The new income tax has sliced our salary by 30 percent.

신설된 소득세가 우리의 봉급을 30%나 대폭 삭감시켰다.

08   soluble: A, 해결 가능한

Promotion is soluble if we work very hard.

승진은 우리가 열심히만 일하면 해결이 된다.

09   step up: V3, 촉진시키다, 강화하다

Our company stepped up production to recover from recession.

우리 회사는 불황을 타개하기 위해 생산을 증가시켰다.

10   stifle: V3, 억압하다, 억누르다

The company can not stifle free expression of employees.

회사는 직원들의 표현의 자유를 억압할 수는 없다.

01   The stock prices today are on the (   ).
      오늘의 주가는 내림세이다.

02   Don't pile the confidential documents (   ) on your desk.
      비밀서류를 책상에 아무렇게나 쳐 박아 두지 마라.

03   The pay raise (   ) employees to work more hard.
      봉급인상은 직원들이 더 열심히 일할 수 있는 동기를 부여했다.

04   The harder you work, the sooner you (   ) in the company.
      더 열심히 노력하면 더 빨리 승진할 수 있다.

05   I always (   ) company secrets only to my colleagues.
      나는 회사 동료에게만 회사 비밀을 털어놓는다.

06   Our company (   ) our head office to Jejudo.
      우리 회사는 본사를 제주도로 이전시켰다.

07   The new income tax has (   ) our salary by 30 percent.
      신설된 소득세가 우리의 봉급을 30%나 대폭 삭감시켰다.

08   Promotion is (   ) if we work very hard.
      승진은 우리가 열심히만 일하면 해결이 된다.

09   Our company (   ) production to recover from recession.
      우리 회사는 불황을 타개하기 위해 생산을 증가시켰다.

10   The company can not (   ) free expression of employees.
      회사는 직원들의 표현의 자유를 억압할 수는 없다.

01   The (　　　) today are on the (　　).
       오늘의 주가는 내림세이다.

02   Don't (　　) the confidential documents (　　) on your desk.
       비밀서류를 책상에 아무렇게나 쳐 박아 두지 마라.

03   The pay raise (　　) (　　) to work more hard.
       봉급인상은 직원들이 더 열심히 일할 수 있는 동기를 부여했다.

04   The harder you work, the (　　) you (　　　) in the company.
       더 열심히 노력하면 더 빨리 승진할 수 있다.

05   I always (　　) company (　　) only to my colleagues.
       나는 회사 동료에게만 회사 비밀을 털어놓는다.

06   Our company (　　) our head office to (　　).
       우리 회사는 본사를 제주도로 이전시켰다.

07   The new income tax has (　　) our salary by (　　　).
       신설된 소득세가 우리의 봉급을 30%나 대폭 삭감시켰다.

08   Promotion is (　　) if we (　　) very hard.
       승진은 우리가 열심만 일하면 해결이 된다.

09   Our company (　　　) (　　) to recover from recession.
       우리 회사는 불황을 타개하기 위해 생산을 증가시켰다.

10   The company can not (　　) free (　　) of employees.
       회사는 직원들의 표현의 자유를 억압할 수는 없다.

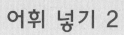

01 오늘의 주가는 내림세이다.

_____

02 비밀서류를 책상에 아무렇게나 쳐 박아 두지 마라.

_____

03 봉급인상은 직원들이 더 열심히 일할 수 있는 동기를 부여했다.

_____

04 더 열심히 노력하면 더 빨리 승진할 수 있다.

_____

05 나는 회사 동료에게만 회사 비밀을 털어놓는다.

_____

06 우리 회사는 본사를 제주도로 이전시켰다.

_____

07 신설된 소득세가 우리의 봉급을 30%나 대폭 삭감시켰다.

_____

08 승진은 우리가 열심히만 일하면 해결이 된다.

_____

09 우리 회사는 불황을 타개하기 위해 생산을 증가시켰다.

_____

10 회사는 직원들의 표현의 자유를 억압할 수는 없다.

_____

MEMO

어휘 분석

01   surmount: V3, 극복하다

Our company barely have surmounted this year's financial crisis.

우리 회사는 올 해의 재정 위기를 간신히 극복했다.

02   weather: V3, (역경 등을) 무사히 헤쳐 나가다, 견디다

Our company managed to weather the labor-management dispute.

우리 회사는 노사분규를 겨우 간신히 견뎌 냈다.

03   work out: V1, (-로) 계산되다, 산출되다

Because of bus only lanes, it'll work out cheaper to travel by bus.

버스전용차로 때문에 버스로 여행하는 것이 더 싸게 먹힐 것이다.

04   acquaint: V3, 익히다, 숙지하다

You need to acquaint yourself with the names of employees first.

먼저 직원들의 이름을 익히는 게 필요하다.

05   dismal: A, 암울한

The prospects for the coming year of our company is dismal, too.

우리 회사의 내년 전망도 암울하다.

06   expose: V3, (보통 때는 가려져 있는 것을) 드러내다, 폭로하다

Don't expose your truth too much to your men.

부하 직원들에게 진실을 너무 많이 드러내지 마라.

07 incorporate: V3, 설립하다, 창립하다

Our company was incorporated in 1992.

우리 회사는 1992년에 설립되었다.

08 shred: V3, 분쇄하다, 채를 썰다

Our company shreds any documents over five years old.

우리 회사는 5년 넘은 서류들은 모두 분쇄한다.

09 underbid: V3, 낮게 제시하다

The competitor underbid us at the construction contract.

건설 공사계약에서 경쟁업체가 우리보다 낮은 가격을 제시했다.

10 vary: V1, 달라지다

Our president's schedule varies from day to day.

회장님의 스케줄은 그날그날 달라진다.

01   Our company barely have (   ) this year's financial crisis.
우리 회사는 올 해의 재정 위기를 간신히 극복했다.

02   Our company managed to (   ) the labor-management dispute.
우리 회사는 노사분규를 겨우 간신히 견뎌 냈다.

03   Because of bus only lanes, it'll (   ) cheaper to travel by bus.
버스전용차로 때문에 버스로 여행하는 것이 더 싸게 먹힐 것이다.

04   You need to (   ) yourself with the names of employees first.
먼저 직원들의 이름을 익히는 게 필요하다.

05   The prospects for the coming year of our company is (   ), too.
우리 회사의 내년 전망도 암울하다.

06   Don't (   ) your truth too much to your men.
부하 직원들에게 진실을 너무 많이 드러내지 마라.

07   Our company was (   ) in 1992.
우리 회사는 1992년에 설립되었다.

08   Our company (   ) any documents over five years old.
우리 회사는 5년 넘은 서류들은 모두 분쇄한다.

09   The competitor (   ) us at the construction contract.
건설 공사계약에서 경쟁업체가 우리보다 낮은 가격을 제시했다.

10   Our president's schedule (   ) from day to day.
회장님의 스케줄은 그날그날 달라진다.

 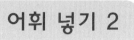

01 Our company barely have (   ) this year's (   ).
우리 회사는 올 해의 재정 위기를 간신히 극복했다.

02 Our company managed to (   ) the labor-management (   ).
우리 회사는 노사분규를 겨우 간신히 견뎌 냈다.

03 Because of bus only lanes, it'll (   ) (   ) to travel by bus.
버스전용차로 때문에 버스로 여행하는 것이 더 싸게 먹힐 것이다.

04 You need to (   ) yourself with (   ) of employees first.
먼저 직원들의 이름을 익히는 게 필요하다.

05 The (   ) for the coming year of our company is (   ), too.
우리 회사의 내년 전망도 암울하다.

06 Don't (   ) your (   ) too much to your men.
부하 직원들에게 진실을 너무 많이 드러내지 마라.

07 Our company was (   ) in (   ).
우리 회사는 1992년에 설립되었다.

08 Our company (   ) any (   ) over five years old.
우리 회사는 5년 넘은 서류들은 모두 분쇄한다.

09 The competitor (   ) (   ) at the construction contract.
건설 공사계약에서 경쟁업체가 우리보다 낮은 가격을 제시했다.

10 Our president's (   ) (   ) from day to day.
회장님의 스케줄은 그날그날 달라진다.

01 우리 회사는 올 해의 재정 위기를 간신히 극복했다.

_____

02 우리 회사는 노사분규를 겨우 간신히 견뎌 냈다.

_____

03 버스전용차로 때문에 버스로 여행하는 것이 더 싸게 먹힐 것이다.

_____

04 먼저 직원들의 이름을 익히는 게 필요하다.

_____

05 우리 회사의 내년 전망도 암울하다.

_____

06 부하 직원들에게 진실을 너무 많이 드러내지 마라.

_____

07 우리 회사는 1992년에 설립되었다.

_____

08 우리 회사는 5년 넘은 서류들은 모두 분쇄한다.

_____

09 건설 공사계약에서 경쟁업체가 우리보다 낮은 가격을 제시했다.

_____

10 회장님의 스케줄은 그날그날 달라진다.

_____

MEMO

어휘 분석

01 administer: V3, (회사 · 조직 · 국가 등을) 관리하다, 운영하다

The personnel manager administers the personnel department.

인사과는 인사부장이 운영한다.

02 balance: N, 잔고, 잔액

Accounting manager checks the bank balance everyday.

경리부장님은 매일 회사 은행 잔고를 확인하신다.

03 beep: V1, 삐 소리를 내다

Our microwave beeps to let you know when it has finished.

우리 회사 전자레인지는 작업이 완료되면 삐 소리로 알려준다.

04 call for: V3, 요구하다, 요청하다

We have called for the resignation of our parachute president.

우리는 낙하산 사장님의 사임을 요구해 왔다.

05 dispute: V3, 반박하다, 이의를 제기하다

We all dispute our manager's decision to work overtime.

우리 모두는 부장님의 야근 결정에 이의를 제기하였다.

06 dues: N, 회비

We are paying our club dues every month.

우리들은 매달 클럽회비를 낸다.

07   handy: A, 이용하기에 가까운 곳에, 편한 곳에

      Our president always keep his driver handy.

      우리 회장님은 기사를 항상 가까운 곳에 대기시킨다.

08   integral: A, 필수적인, 필요불가결한

      Salary is an integral part for all employees.

      봉급은 직원들에게는 있어 가장 필수적인 부분이다.

09   proficiency: N, 숙달, 능란

      Work will be easier when we attain proficiency.

      일은 숙달되면 쉬워지는 법이다.

10   quota: N, 할당량

      I've met all my sales quota for the day.

      저는 오늘 제 판매 할당량 다 채웠어요.

01 The personnel manager (   ) the personnel department.
인사과는 인사부장이 운영한다.

02 Accounting manager checks the bank (   ) everyday.
경리부장님은 매일 회사 은행 잔고를 확인하신다.

03 Our microwave (   ) to let you know when it has finished.
우리 회사 전자레인지는 작업이 완료되면 삐 소리로 알려준다.

04 We have (   ) the resignation of our parachute president.
우리는 낙하산 사장님의 사임을 요구해 왔다.

05 We all (   ) our manager's decision to work overtime.
우리 모두는 부장님의 야근 결정에 이의를 제기하였다.

06 We are paying our club (   ) every month.
우리들은 매달 클럽회비를 낸다.

07 Our president always keep his driver (   ).
우리 회장님은 기사를 항상 가까운 곳에 대기시킨다.

08 Salary is an (   ) part for all employees.
봉급은 직원들에게는 있어 가장 필수적인 부분이다.

09 Work will be easier when we attain (   ).
일은 숙달되면 쉬워지는 법이다.

10 I've met all my sales (   ) for the day.
저는 오늘 제 판매 할당량 다 채웠어요.

01 The personnel manager (   ) the (   ).
    인사과는 인사부장이 운영한다.

02 Accounting manager checks the (   ) (   ) everyday.
    경리부장님은 매일 회사 은행 잔고를 확인하신다.

03 Our (   ) (   ) to let you know when it has finished.
    우리 회사 전자레인지는 작업이 완료되면 삐 소리로 알려준다.

04 We have (   ) the (   ) of our parachute president.
    우리는 낙하산 사장님의 사임을 요구해 왔다.

05 We all (   ) our manager's (   ) to work overtime.
    우리 모두는 부장님의 야근 결정에 이의를 제기하였다.

06 We are paying our (   ) (   ) every month.
    우리들은 매달 클럽회비를 낸다.

07 Our president always keep his (   ) (   ).
    우리 회장님은 기사를 항상 가까운 곳에 대기시킨다.

08 (   ) is an (   ) part for all employees.
    봉급은 직원들에게는 있어 가장 필수적인 부분이다.

09 Work will be (   ) when we attain (   ).
    일은 숙달되면 쉬워지는 법이다.

10 I've met all my (   ) (   ) for the day.
    저는 오늘 제 판매 할당량 다 채웠어요.

01 인사과는 인사부장이 운영한다.

_____

02 경리부장님은 매일 회사 은행 잔고를 확인하신다.

_____

03 우리 회사 전자레인지는 작업이 완료되면 삐 소리로 알려준다.

_____

04 우리는 낙하산 사장님의 사임을 요구해 왔다.

_____

05 우리 모두는 부장님의 야근 결정에 이의를 제기하였다.

_____

06 우리들은 매달 클럽회비를 낸다.

_____

07 우리 회장님은 기사를 항상 가까운 곳에 대기시킨다.

_____

08 봉급은 직원들에게는 있어 가장 필수적인 부분이다.

_____

09 일은 숙달되면 쉬워지는 법이다.

_____

10 저는 오늘 제 판매 할당량 다 채웠어요.

_____

MEMO

01   rate: V3, 평가하다, 순위를 매기다

Our company is currently rated number two in Korea.

우리 회사는 현재 한국에서 순위가 2위다.

02   warrant: V3, 보증하다

Our company warrant the quality of this machine for 3 years.

당사는 이 기계의 품질을 3년간 보증합니다.

03   appreciate: V3, 가치가 오르다

Buildings with a good location appreciate over the years.

목 좋은 건물은 해가 가면서 가치가 오른다.

04   loan: V4, 빌려주다, 대출해주다, 융자해주다

Our company loaned the bank 100 million won.

우리 회사는 그 은행에서 1억 원을 빌렸다.

05   dividend: N, 배당금

Stockholders of the stock received a dividend of 3,000 won per share.

그 주식을 가진 자들은 주당 3,000원의 배당금을 받았다.

06   plummet: V1, 폭락하다, 곤두박질하다

Share prices plummeted to an all-time low.

주가가 사상 최저로 곤두박질쳤다.

07   accrue: V1, 붙다, 쌓이다, 누적되다

Interest will accrue if you put your money in a savings account.

돈을 저축예금에 넣어 두면 이자가 쌓이는 법이다.

08   liquidate: V3, 매각하다, 청산하다, 처분하다

I need cash, so I have to liquidate some stocks.

현금이 필요해서 주식을 좀 처분해야만 한다.

09   turnover: N, 총 매상고, 이직률, 회전율

Our firm's annual turnover is 1,000 million won.

우리 회사의 연간 총 매상고는 10억 원이다.

10   adjourn: V3, 연기하다

The president arbitrarily adjourned the meeting tomorrow.

회장님께서 임의로 회의를 내일로 연기 하셨다.

01 Our company is currently (　　　) number two in Korea.
우리 회사는 현재 한국에서 순위가 2위다.

02 Our company (　　　) the quality of this machine for 3 years.
당사는 이 기계의 품질을 3년간 보증합니다.

03 Buildings with a good location (　　　) over the years.
목 좋은 건물은 해가 가면서 가치가 오른다.

04 Our company (　　　) the bank 100 million won.
우리 회사는 그 은행에서 1억 원을 빌렸다.

05 Stockholders of the stock received a (　　　) of 3,000 won per share.
그 주식을 가진 자들은 주당 3,000원의 배당금을 받았다.

06 Share prices (　　　) to an all-time low.
주가가 사상 최저로 곤두박질쳤다.

07 Interest will (　　　) if you put your money in a savings account.
돈을 저축예금에 넣어 두면 이자가 쌓이는 법이다.

08 I need cash, so I have to (　　　) some stocks.
현금이 필요해서 주식을 좀 처분해야만 한다.

09 Our firm's annual (　　　) is 1,000 million won.
우리 회사의 연간 총 매상고는 10억 원이다.

10 The president arbitrarily (　　　) the meeting tomorrow.
회장님께서 임의로 회의를 내일로 연기 하셨다.

TOEIC Vocabulary

 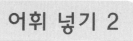
01 Our company is currently (   ) number (   ) in Korea.
우리 회사는 현재 한국에서 순위가 2위다.

02 Our company (   ) the quality of this machine for (   ).
당사는 이 기계의 품질을 3년간 보증합니다.

03 Buildings with a (   ) (   ) over the years.
목 좋은 건물은 해가 가면서 가치가 오른다.

04 Our company (   ) the bank (   ) won.
우리 회사는 그 은행에서 1억 원을 빌렸다.

05 Stockholders of the stock received a (   ) of (   ) per share.
그 주식을 가진 자들은 주당 3,000원의 배당금을 받았다.

06 (   ) (   ) to an all-time low.
주가가 사상 최저로 곤두박질쳤다.

07 (   ) will (   ) if you put your money in a savings account.
돈을 저축예금에 넣어 두면 이자가 쌓이는 법이다.

08 I need cash, so I have to (   ) some (   ).
현금이 필요해서 주식을 좀 처분해야만 한다.

09 Our firm's annual (   ) is (   ) won.
우리 회사의 연간 총 매상고는 10억 원이다.

10 The president arbitrarily (   ) the (   ) tomorrow.
회장님께서 임의로 회의를 내일로 연기 하셨다.

01 우리 회사는 현재 한국에서 순위가 2위다.

_____

02 당사는 이 기계의 품질을 3년간 보증합니다.

_____

03 목 좋은 건물은 해가 가면서 가치가 오른다.

_____

04 우리 회사는 그 은행에서 1억 원을 빌렸다.

_____

05 그 주식을 가진 자들은 주당 3,000원의 배당금을 받았다.

_____

06 주가가 사상 최저로 곤두박질쳤다.

_____

07 돈을 저축예금에 넣어 두면 이자가 쌓이는 법이다.

_____

08 현금이 필요해서 주식을 좀 처분해야만 한다.

_____

09 우리 회사의 연간 총 매상고는 10억 원이다.

_____

10 회장님께서 임의로 회의를 내일로 연기 하셨다.

_____

MEMO

01 connect: V3, 연결하다

Could you connect me to room 214?

214호로 연결 좀 부탁합니다.

02 advance fee: N, 선급금

Can I have an advance fee for this part time job?

이 알바 일에 대해 선급금 좀 받을 수 있을까요?

03 confuse: V3, 혼돈하다

Most of the people confuse me with my twin sister.

대부분의 사람들은 나와 내 쌍둥이 언니를 혼동한다.

04 risk: V3 -을 걸다, -의 위험을 무릅쓰다

The president risked his life to save the company from bankruptcy.

회장님은 회사를 파산에서 구하기 위해 자기 목숨을 걸었다.

05 approval rating: N, 지지율

Our president's approval rating is holding at 33 percent.

우리 대통령의 지지율은 33 퍼센트에서 멈춰있다.

06 deplete: V3, (남아 있는 것을) 대폭 감소시키다, 격감시키다

Because of recession, free meal supplies were severely depleted.

불경기 땜에 무료 식사공급이 대폭 줄었다.

07 take revenge: I, 복수하다

I decided to take revenge on my manager for what he did to me.

나는 나의 팀장에게 그가 내가 한 것에 대해 복수를 하기로 맘먹었다.

08 bid: V1, 입찰에 응하다, 응찰하다

A French firm bid for the contract with our company.

한 프랑스 회사가 우리 회사와의 입찰에 응했다.

09 transport: V3, 수송하다, 실어 나르다

Shipping companies will transport the products to your homes.

운송회사가 제품들을 여러분 가정으로 배달해 드릴 겁니다.

10 outlet: N, 할인점, 대리점

I bought these shoes at a Nike outlet at a sale price.

이 신발을 한 나이키 대리점에서 할인가격으로 구입했다.

01 Could you (   ) me to room 214?
214호로 연결 좀 부탁합니다.

02 Can I have an (   ) for this part time job?
이 알바 일에 대해 선급금 좀 받을 수 있을까요?

03 Most of the people (   ) me with my twin sister.
대부분의 사람들은 나와 내 쌍둥이 언니를 혼동한다.

04 The president (   ) his life to save the company from bankruptcy.
회장님은 회사를 파산에서 구하기 위해 자기 목숨을 걸었다.

05 Our president's (   ) is holding at 33 percent.
우리 대통령의 지지율은 33 퍼센트에서 멈춰있다.

06 Because of recession, free meal supplies were severely (   ).
불경기 땜에 무료 식사공급이 대폭 줄었다.

07 I decided to (   ) on my manager for what he did to me.
나는 나의 팀장에게 그가 내가 한 것에 대해 복수를 하기로 맘먹었다.

08 A French firm (   ) for the contract with our company.
한 프랑스 회사가 우리 회사와의 입찰에 응했다.

09 Shipping companies will (   ) the products to your homes.
운송회사가 제품들을 여러분 가정으로 배달해 드릴 겁니다.

10 I bought these shoes at a Nike (   ) at a sale price.
이 신발을 한 나이키 대리점에서 할인가격으로 구입했다.

 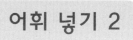
01 Could you (   ) me to (   )?
214호로 연결 좀 부탁합니다.

02 Can I (   ) an (   ) for this part time job?
이 알바 일에 대해 선급금 좀 받을 수 있을까요?

03 Most of the people (   ) me with my (   ).
대부분의 사람들은 나와 내 쌍둥이 언니를 혼동한다.

04 The president (   ) (   ) to save the company from bankruptcy.
회장님은 회사를 파산에서 구하기 위해 자기 목숨을 걸었다.

05 Our (   )'s (   ) is holding at 33 percent.
우리 대통령의 지지율은 33 퍼센트에서 멈춰있다.

06 Because of recession, free (   ) were severely (   ).
불경기 땜에 무료 식사공급이 대폭 줄었다.

07 I decided to (   ) on my (   ) for what he did to me.
나는 나의 팀장에게 그가 내가 한 것에 대해 복수를 하기로 맘먹었다.

08 A French firm (   ) for the (   ) with our company.
한 프랑스 회사가 우리 회사와의 입찰에 응했다.

09 Shipping companies will (   ) the (   ) to your homes.
운송회사가 제품들을 여러분 가정으로 배달해 드릴 겁니다.

10 I bought these shoes at a (   ) (   ) at a sale price.
이 신발을 한 나이키 대리점에서 할인가격으로 구입했다.

01 214호로 연결 좀 부탁합니다.

_____

02 이 알바 일에 대해 선급금 좀 받을 수 있을까요?

_____

03 대부분의 사람들은 나와 내 쌍둥이 언니를 혼동한다.

_____

04 회장님은 회사를 파산에서 구하기 위해 자기 목숨을 걸었다.

_____

05 우리 대통령의 지지율은 33 퍼센트에서 멈춰있다.

_____

06 불경기 땜에 무료 식사공급이 대폭 줄었다.

_____

07 나는 나의 팀장에게 그가 내가 한 것에 대해 복수를 하기로 맘먹었다.

_____

08 한 프랑스 회사가 우리 회사와의 입찰에 응했다.

_____

09 운송회사가 제품들을 여러분 가정으로 배달해 드릴 겁니다.

_____

10 이 신발을 한 나이키 대리점에서 할인가격으로 구입했다.

_____

MEMO

어휘 분석

01   furnish: V3, (가구를) 비치하다

Our president's room was furnished with antiques.

우리 회장님 방은 고가구들이 비치되어 있다.

02   attire: N, 복장

When you meet clients, formal attire is required.

고객들과 만날 때는 정장 차림을 해야 한다.

03   shuttle: V3, (두 장소 사이로 사람들을 정기적으로) 실어 나르다

A bus shuttles our guests from the hotel to the airport.

버스 한 대가 호텔과 공항을 오가며 우리 고객들을 실어 나른다.

04   interfere in: I, -에 개입하다

I want my manager not to interfere in my private business.

나는 팀장님이 내 사적인 일에 개입하지 않기를 바란다.

05   interfere with: I, -을 방해하다, -에 지장을 주다

Work can interfere with family and family can interfere with work.

일은 가족에게 지장을 줄 수 있고, 가족은 일에 지장을 줄 수 있다.

06   retrieve: V3, 되 찾아오다, 회수하다

Our company has retrieved only some of the stolen documents.

회사는 도난당한 서류의 일부만을 되찾았다.

07 collect: V3, (보험금을) 타다, (상을) 받다

The owner set fire to the building to collect the insurance money.

주인이 보험금을 타려고 건물에 방화를 했다.

08 follow up: N, 후속조치

Our company hopes that this follow up measure is satisfactory.

당사는 이 후속조치가 만족스럽기를 바라는 바입니다.

09 appropriate: V3, 도용하다, 전용하다

The president was accused of appropriating club fees.

회장은 클럽 회비를 전용했다는 이유로 기소를 당했다.

10 foremost: A, 가장 중요한, 최고의, 맨 앞에 위치한

He is the company's foremost authority on the sales.

그는 세일에 관한 회사 최고의 권위자이다.

01 Our president's room was (   ) with antiques.
우리 회장님 방은 고가구들이 비치되어 있다.

02 When you meet clients, formal (   ) is required.
고객들과 만날 때는 정장 차림을 해야 한다.

03 A bus (   ) our guests from the hotel to the airport.
버스 한 대가 호텔과 공항을 오가며 우리 승객들을 실어 나른다.

04 I want my manager not to (   ) my private business.
나는 팀장님이 내 사적인 일에 개입하지 않기를 바란다.

05 Work can (   ) family and family can interfere with work.
일은 가족에게 지장을 줄 수 있고, 가족은 일에 지장을 줄 수 있다.

06 Our company has (   ) only some of the stolen documents.
회사는 도난당한 서류의 일부만을 되찾았다.

07 The owner set fire to the building to (   ) the insurance money.
주인이 보험금을 타려고 빌딩에 방화를 했다.

08 Our company hopes that this (   ) measure is satisfactory.
당사는 이 후속조치가 만족스럽기를 바라는 바입니다.

09 The president was accused of (   ) club fees.
회장은 클럽 회비를 전용했다는 이유로 기소를 당했다.

10 He is the company's (   ) authority on the sales.
그는 세일에 관한 회사 최고의 권위자이다.

01 Our president's room was (　　) with (　　).
우리 회장님 방은 고가구들이 비치되어 있다.

02 When you meet clients, (　　) (　　) is required.
고객들과 만날 때는 정장 차림을 해야 한다.

03 A bus (　　) (　　) from the hotel to the airport.
버스 한 대가 호텔과 공항을 오가며 우리 승객들을 실어 나른다.

04 I want my manager not to (　　　) my (　　　).
나는 팀장님이 내 사적인 일에 개입하지 않기를 바란다.

05 Work can (　　　) family and family can (　　　) work.
일은 가족에게 지장을 줄 수 있고, 가족은 일에 지장을 줄 수 있다.

06 Our company has (　　) only some of the (　　　).
회사는 도난당한 서류의 일부만을 되찾았다.

07 The owner set fire to the building to (　　) the (　　　).
주인이 보험금을 타려고 건물에 방화를 했다.

08 Our company hopes that this (　　) (　　) is satisfactory.
당사는 이 후속조치가 만족스럽기를 바라는 바입니다.

09 The president was accused of (　　) (　　　).
회장은 클럽 회비를 전용했다는 이유로 기소를 당했다.

10 He is the company's (　　) (　　) on the sales.
그는 세일에 관한 회사 최고의 권위자이다.

01 우리 회장님 방은 고가구들이 비치되어 있다.

_____

02 고객들과 만날 때는 정장 차림을 해야 한다.

_____

03 버스 한 대가 호텔과 공항을 오가며 우리 승객들을 실어 나른다.

_____

04 나는 팀장님이 내 사적인 일에 개입하지 않기를 바란다.

_____

05 일은 가족에게 지장을 줄 수 있고, 가족은 일에 지장을 줄 수 있다.

_____

06 회사는 도난당한 서류의 일부만을 되찾았다.

_____

07 주인이 보험금을 타려고 건물에 방화를 했다.

_____

08 당사는 이 후속조치가 만족스럽기를 바라는 바입니다.

_____

09 회장은 클럽 회비를 전용했다는 이유로 기소를 당했다.

_____

10 그는 세일에 관한 회사 최고의 권위자이다.

_____

MEMO

어휘 분석

01 apparent: A, 분명한, 누가 봐도 알 수 있는

It was apparent from the manager's face that he was very upset.

부장님이 정말 화가 났다는 것은 얼굴을 볼 때 분명했다.

02 account for: V3, 설명하다, 해명하다

There are many things in our company I still can't account for.

회사에는 아직 우리가 설명할 수 없는 게 많이 있다.

03 boardroom: N, 중역 회의실, 이사 회의실

Directors are having a meeting in the boardroom.

이사님들께서 중역 회의실에서 회의를 하고 계신다.

04 institute: V3, (제도 · 정책 등을) 도입하다, (절차를) 시작하다

The new management is going to institute a new pay system.

새 경영진은 새 봉급규정을 도입하려고 한다.

05 begrudge: V4, 시기하다

I don't like to begrudge you your promotion.

난 네가 승진한 것에 대해 네게 시기하고 싶지 않다.

06 regain: V3, (특히 능력 · 특질 등을) 되찾다, 회복하다

The former president has regained control of the company.

전 회장님께서 회사에 대한 경영권을 되찾았다.

07 since: Ad, 그(때) 이후로 (과거 어느 시점까지 · 지금까지)

He quit the company two years ago and we haven't heard from him since.

그는 2년 전에 회사를 떠났고 그 후로 우리는 소식을 듣지 못했다.

08 understaffed: A, 인원이 부족한

Our service personnel are understaffed very much.

우리의 서비스 직원이 많이 부족합니다.

09 collaborate: V1, -와 협력하다, 공동으로 작업하다

Our branch is willing to collaborate with other branches.

우리 지점은 다른 지점과 기꺼이 협력하려고 한다.

10 subsequent to: P, 다음에, 뒤에, 이어서

There are some more events subsequent to our dinner.

저녁 식사 뒤에 몇 가지 행사들이 더 남아 있습니다.

01 It was (   ) from the manager's face that he was very upset.
부장님이 정말 화가 났다는 것은 얼굴을 볼 때 분명했다.

02 There are many things in our company I still can't (   ).
회사에는 아직 우리가 설명할 수 없는 게 많이 있다.

03 Directors are having a meeting in the (   ).
이사님들께서 중역 회의실에서 회의를 하고 계신다.

04 The new management is going to (   ) a new pay system.
새 경영진은 새 봉급규정을 도입하려고 한다.

05 I don't like to (   ) you your promotion.
난 네가 승진한 것에 대해 네게 시기하고 싶지 않다.

06 The former president has (   ) control of the company.
전 회장님께서 회사에 대한 경영권을 되찾았다.

07 He quit the company two years ago and we haven't heard from him (   ).
그는 2년 전에 회사를 떠났고 그 후로 우리는 소식을 듣지 못했다.

08 Our service personnel are (   ) very much.
우리의 서비스 직원이 많이 부족합니다.

09 Our branch is willing to (   ) with other branches.
우리 지점은 다른 지점과 기꺼이 협력하려고 한다.

10 There are some more events (   ) our dinner.
저녁 식사 뒤에 몇 가지 행사들이 더 남아 있습니다.

01 It was (   ) from the manager's face that he was very (   ).
    부장님이 정말 화가 났다는 것은 얼굴을 볼 때 분명했다.

02 There are (   ) in our company I still can't (   ).
    회사에는 아직 우리가 설명할 수 없는 게 많이 있다.

03 Directors are having a (   ) in the (   ).
    이사님들께서 중역 회의실에서 회의를 하고 계신다.

04 The new management is going to (   ) a new (   ).
    새 경영진은 새 봉급규정을 도입하려고 한다.

05 I don't like to (   ) you your (   ).
    난 네가 승진한 것에 대해 네게 시기하고 싶지 않다.

06 The former president has (   ) (   ) of the company.
    전 회장님께서 회사에 대한 경영권을 되찾았다.

07 He quit the company two years ago and we haven't (   ) from him (   ).
    그는 2년 전에 회사를 떠났고 그 후로 우리는 소식을 듣지 못했다.

08 Our service (   ) are (   ) very much.
    우리의 서비스 직원이 많이 부족합니다.

09 Our branch is willing to (   ) with other (   ).
    우리 지점은 다른 지점과 기꺼이 협력하려고 한다.

10 There are some more events (   ) our (   ).
    저녁 식사 뒤에 몇 가지 행사들이 더 남아 있습니다.

01 부장님이 정말 화가 났다는 것은 얼굴을 볼 때 분명했다.

_____

02 회사에는 아직 우리가 설명할 수 없는 게 많이 있다.

_____

03 이사님들께서 중역 회의실에서 회의를 하고 계신다.

_____

04 새 경영진은 새 봉급규정을 도입하려고 한다.

_____

05 난 네가 승진한 것에 대해 네게 시기하고 싶지 않다.

_____

06 전 회장님께서 회사에 대한 경영권을 되찾았다.

_____

07 그는 2년 전에 회사를 떠났고 그 후로 우리는 소식을 듣지 못했다.

_____

08 우리의 서비스 직원이 많이 부족합니다.

_____

09 우리 지점은 다른 지점과 기꺼이 협력하려고 한다.

_____

10 저녁 식사 뒤에 몇 가지 행사들이 더 남아 있습니다.

_____

MEMO

TOEIC Vocabulary

초판1쇄 인쇄 2014년 2월 20일
초판1쇄 발행 2014년 2월 25일

지은이   송 석 홍
펴낸이   임 순 재

펴낸곳   **한올출판사**
등 록   제11-403호
주 소   서울특별시 마포구 성산동 133-3 한올빌딩 3층
전 화   (02)376-4298(대표)
팩 스   (02)302-8073
홈페이지 www.hanol.co.kr
e-메일   hanol@hanol.co.kr

값 14,000원   ISBN 979-11-85596-93-8